顶级开单王

胡天墨 / 著

图书在版编目（CIP）数据

顶级开单王 / 胡天墨著 . —北京：北京大学出版社，2015.6

ISBN 978-7-301-25656-5

Ⅰ.①顶… Ⅱ.①胡… Ⅲ.①销售学—通俗读物 Ⅳ.① F713.3-49

中国版本图书馆 CIP 数据核字（2015）第 070530 号

书　　　名	顶级开单王
著作责任者	胡天墨　著
责 任 编 辑	刘　维　李燕子
标 准 书 号	ISBN 978-7-301-25656-5
出 版 发 行	北京大学出版社
地　　　址	北京市海淀区成府路 205 号　100871
网　　　址	http://www.pup.cn　新浪官方微博：@ 北京大学出版社
电 子 信 箱	hzghbooks@163.com
电　　　话	邮购部 62752015　发行部 62750672　编辑部 65913539
印 刷 者	北京雁林吉兆印刷有限公司
经 销 者	新华书店
	787 毫米 ×1092 毫米　16 开本　11.75 印张　186 千字
	2015 年 6 月第 1 版　2015 年 6 月第 1 次印刷
定　　　价	39.00 元

未经许可，不得以任何方式复制或抄袭本书之部分或全部内容。
版权所有，侵权必究
举报电话：010-62752024　电子信箱：fd@pup.pku.edu.cn
图书如有印装质量问题，请与出版部联系，电话：010-62756370

Content

目　录

PART 1　困扰销售人员的十大终极问题

第一章　困扰一：我们是骗子吗？

流行观点：无商不奸

"三百六十行，行行出状元。"无论做什么事情，从事什么行业，只要用心去做、努力去做，成为行业的佼佼者，都是值得人们尊重的，都是社会经济活动价值链条上不可或缺的一部分。然而在中国的传统观念中，凡是商人都被贴上了奸商的标签。

自我反思：做销售的人是不是骗子？ /3
不能对结果负责的人才是骗子 / 5
我们对自己销售出去的产品负责，我们不是骗子 / 6

第二章　困扰二：顾客都是"肥肉"？

流行观点：顾客不是人，而是"肥肉"

市场竞争越来越激烈，几乎每个品类的商品都在进行着你死我活的竞争，业绩已经成了销售人员最大的负担。很多销售人员开始不择手段地拿单，坑蒙拐骗的现象开始出现，顾客在很多业务员的眼中不是人，而是香喷喷的"肥肉"，只要有本事就拼命地拿"刀"来"砍"，"剁"的肉越多代表本事越大。

销售的本质是价值的交换 / 7

I

销售员的业务水平是分层次的 / 8

顾客不是"肥肉",而是衣食父母 / 11

第三章 困扰三:老板都是黄世仁?

流行观点:老板都是黄世仁

只要谈起老板的话题,我们常常能听到这样的观点:
我们的老板真抠门;
我们的老板什么也不会,只是在那里瞎指挥;
老板不过是在剥削我们;
没有我们,老板早喝西北风去了。

老板有老板的责任 / 12

老板是什么? / 13

员工是什么? / 14

第四章 困扰四:销售工作低人一等?

流行观点:销售工作低人一等

有一次,我受某品牌的邀请,策划促销引爆活动。当时,时间非常紧,人手严重不足,于是我要求企业以最快速度招来人马。招聘广告登出去,来了一些面试的,但是我没想到,当时大部分人都是冲着行政工作来的,不愿意做销售,甚至有人宁愿做清洁工也不愿意从事销售工作,这让我感到非常诧异。大多数应聘者认为:做销售的人都不怎么样,销售工作低人一等,特别是女销售员,社会上甚至流传女销售员嫁不出去。

销售是产生巨大价值的职业 / 16

成为伟大销售员的必备心智 / 17

目录

第五章 困扰五：销售员没有前途？

流行观点：销售员没有前途

销售员作为公司的一线员工，很辛苦，工作压力和生活压力都很大，都希望把工作做好，但往往事与愿违，很多时候都是热脸贴着冷屁股。因此，销售岗位变数很大，尤其是刚入职的销售员，很多都是不得已才进入销售的大门，那感觉真的是前路茫茫。

销售能够实现梦想，成就伟大的人生 / 19

销售可以期待巨大的回报 / 20

销售能够快速地塑造人才 / 20

第六章 困扰六：店面模式将要灭亡？

流行观点：店面模式将被电商取代

你每天早上醒来后做的第一件事情是什么？是不是摸出手机，看看微信，再看看新闻……网络已经渗入我们生活的方方面面。基于网络，衍生出许多新生事物，其中，电子商务就是一个突出的代表。它的出现，颠覆了传统的商业观念、模式，乃至文化，对传统商业造成了不小的冲击。近年来，许多老板都觉得实体店的生意很不好做，日子越来越难过。反观那些网店老板，个个满面春风，天天订单无数，发货发到手软。

电商模式的优势 / 22

电商模式的不足 / 23

实体店的转型出路 / 24

第七章 困扰七：店面工作枯燥乏味？

流行观点：店面工作枯燥之味

在多年的店面调研和服务过程中，经常发现一些销售员在店面没有顾客时眼神呆滞、无所事事，还有一些人工作不久就想着辞职，以此来逃避"无聊"的工作。很多人都抱怨店面工作不好做，特别枯燥乏味，也学不到什么，没有新鲜感，交往空间小，只能以无聊、发呆这种混日子的心态过一天算一天。

干一行，爱一行 / 26

丰富我们的店面时光 / 28

第八章　困扰八：店面销售员就是打工的？

流行观点：店面销售员就是打工的

在我多年为一线终端服务的过程中，接触了大量的店面销售员，也有很多销售员向我倾诉，我发现他们中大多数人认为自己就是打工的，干一天活，拿一天钱，混一天算一天。

心态决定成就 / 29

如何做好店面销售这份工作 / 31

第九章　困扰九：店面销售员就是坐在店面等客来？

流行观点：店面销售员就是坐在店面等客来

店面在很大程度上是一个物理概念，具体而言就是在一个固定的地点集中进行商品交易的场所。一直以来，销售人员都习惯坐商销售，也就是采取守株待兔的方法进行销售。这些观念都是基于人们沟通与交流不方便的条件下出现和存在的，而现在情况发生了巨大的变化，守株待兔的方法行不通了。

坐等收钱的日子一去不复返 / 32

从坐商到行商 / 33

第十章　困扰十：工作不稳定，不值得长期做？

流行观点：工作不稳定，不值得长期做

社会每天都在变化，机会也很多。很多人从踏入社会开始，就在不断

目录

地换工作,在一个岗位上还没呆多久,稍有不顺就想跳槽。尤其是店面销售员,觉得天天在店里,没有动力,工作枯燥无味,没有前途,不是长久之计,因此,稍有诱惑就想着跳槽。

以此为生,精于此道 / 35

解决之道——恒心 / 36

突破之道——积累 / 37

 实战销售篇

第十一章　智慧销售一式:破冰
　　　　　悄然无声,顾客心门自然开

参考销售场景

顾客进店一言不发,销售员怎么说都没有反应,随便看看就走了。

场景分析:营造融洽的成交氛围是关键

我们说要让顾客喜欢我们、信任我们,而现实是顾客冷言冷语,甚至一言不发,一切从沉默开始,以沉默结束。这是为什么?其实,销售成交的关键在于营造融洽的销售氛围,正是这种氛围,可以让顾客自发地产生购买欲望或者放弃抵抗行为。

攻心战之顾客心理分析——戒备心 / 42

破冰的前提:照顾对方的心理需求 / 43

破冰一式:个性化迎宾 / 45

破冰二式:同理心关怀 / 48

破冰三式:特定问题 / 50

破冰四式:自我解嘲 / 57

实战基本功——口才即成交 / 61

第十二章 智慧销售二式：赢信任
展现魅力，心悦诚服听你说

参考销售场景

销售员说得信誓旦旦，顾客总是有点顾虑，犹豫不决，不做表示。

场景分析：顾客真正买的是什么

顾客真正买的是什么？产品？品牌？服务？其实都是错的。顾客真正买的是产品带给他的好处和利益，而所有的产品不过是好处和利益的载体。

攻心战之顾客心理分析——怀疑心 / 67

专业形象提升顾客信任度 / 71

专业能力提升顾客信任度 / 72

关注与关怀提升顾客信任度 / 73

合理化建议提升顾客信任度 / 74

承诺提升顾客信任度 / 80

实战基本功——你真正卖的是信赖感 / 84

第十三章 智慧销售三式：挖需求
洞若观火，三教九流全明白

参考销售场景

销售员讲得头头是道，顾客却没什么反应，无动于衷。

场景分析：我们能打动顾客吗

很多销售员常犯的错误是特征销售，即见了顾客之后，告诉顾客产品的形状、颜色、型号等等，唯独没有介绍产品的这些特征能够带给顾客什么利益。销售员能否赢得订单的可能性与你向顾客讲述利益时的努力成正比。销售员越是努力向顾客说明产品带给他的利益，就越能打动顾客，越能赢得订单。

攻心战之顾客心理分析——动机心 / 89

把脉顾客需求类型 / 90

三句话问明顾客需求 / 91

实战基本功——挖掘需求，激发欲望 / 93

第十四章 智慧销售四式：巧推荐
　　　　　　巧舌如簧，字字如刀

参考销售场景

销售员说了半天，顾客似乎还是似懂非懂，没有任何感觉。

场景分析：顾客的感觉来自哪里

沟通的效果不在于说话内容的多少，也不在于说话速度的快慢，而在于有没有说到点上。

80%的成交是冲动型成交，只有调动顾客的感觉，顾客才会行动。成功销售的关键就是要找到对方的兴奋点。

攻心战之顾客心理分析——欲望心 / 101

巧推荐策略一：激发思考 / 103

巧推荐策略二：焦点强化 / 106

巧推荐策略三：讲故事 / 109

巧推荐策略四：情景塑造 / 113

实战基本功——销售员的营销误区 / 115

第十五章 智慧销售五式：破竞品
　　　　　　进退有度，顾客对你情有独钟

参考销售场景

其实你们和××牌子的产品看起来差不多，到底谁的好呢？

场景分析：顾客询问竞品怎么办

"杀敌一千，自损八百。"销售员的大忌就是当着顾客的面贬低竞争对手。无论顾客是否了解竞争对手品牌，销售员贬低竞争对手品牌，稍有不慎就会被顾客抓住把柄，开始进行反击。

针对顾客主动提到的竞争对手品牌，最好的处理方式就是冷处理，即不去评价，并快速把顾客关注的焦点转移到我们的品牌和产品上来。

攻心战之顾客心理分析——解码顾客的抉择心态 / 123

破竞品三大策略 / 125

破竞品三要诀 / 128

实战基本功——如何应对竞争对手 / 135

第十六章 智慧销售六式：善引导
主动出击，牵着顾客鼻子走

参考销售场景

向顾客介绍产品的卖点和优势，可是顾客却觉得没什么或者无所谓。

场景分析：顾客会听你的吗

对某些事情而言并没有绝对的对，也没有绝对的错。一流高手能够提前预判顾客的思维方向，在迎合对方心理需要和情感需要的前提下，引导对方向有利于我们的方向转变，从而约束顾客思考的路径，引导讨论和沟通的范围，掌控整个流程和最后的结果。

攻心战之顾客心理分析——逆反心 / 139

实战引导策略一：对象定位引导法 / 141

实战引导策略二：预先框式引导法 / 143

实战引导策略三：好奇追问引导法 / 145

实战基本功——引导方法与技巧 / 147

目录

第十七章　智慧销售七式：解异议
有理有利，求同存异

参考销售场景

品牌不够大、产品不够好、价格有点贵、我不太满意。

场景分析：顾客总是有异议

异议处理能力是判断店面销售员能力的关键指标之一。销售沟通过程中，销售员需要不断地处理顾客的不理解，甚至是异议。作为销售员一定要换位思考，站在顾客的立场和利益的角度来思考问题和处理问题，就能获得顾客的认同和理解。

销售员的关键作用和核心价值体现在对异议的处理上。处理好了，顾客高兴，顺势成交；处理不好，顾客生气，成交无望。

攻心战之顾客心理分析——异议心 / 154

实战策略——转化 / 160

实战基本功——如何用价值观来引导销售 / 164

第十八章　智慧销售八式：必成交
成交策略分析

参考销售场景

顾客来了很多次，就是不提成交的事情。

场景分析：看准时机提成交

成交缔结阶段，拼的是销售员的勇气与信心，考验的是对顾客成交意愿的把握。看准时机，勇于提出成交要求，把成交的压力给顾客，通过压力的转移试探火候与时机，再次增加顾客的信心与对产品的感觉度就能顺势成交。

攻心战之顾客心理分析——恐惧 / 168

实战策略——成交推演 / 169

实战基本功——留下顾客的资料 / 171

PART 1

困扰销售人员的
十大终极问题

困扰一
我们是骗子吗?

困扰二
顾客都是"肥肉"?

困扰三
老板都是黄世仁?

困扰四
销售工作低人一等?

困扰五
销售员没有前途?

困扰六
店面模式将要灭亡?

困扰七
店面工作枯燥乏味?

困扰八
店面销售员就是打工的?

困扰九
店面销售员就是坐在店面等客来?

困扰十
工作不稳定,不值得长期做?

第一章　困扰一
我们是骗子吗?

➡ **流行观点：无商不奸**

"三百六十行，行行出状元。"这句话告诉我们，不论做什么事情，从事什么行业，只要我们用心去做，通过不懈的努力，都可以成为优秀者，都是社会经济活动价值链条上不可或缺的一部分，都值得人们尊重。

然而在现实生活中，商人们却常常被老百姓无情地称作奸商。奸商是什么？第一，欺瞒哄骗，"蒙你没商量"；第二，以次充好；第三，哄抬物价，囤积货物；第四，对顾客心口不一，满口谎话。以至于老百姓认为无商不奸。无商不奸的传言越来越久，很多销售员也深信不疑。面对残酷的市场、业绩导向和指标压力，有部分销售员认为销售的过程就是行骗的过程，销售员是骗子。究竟销售员是不是骗子？在这里，我们要就这个问题进行研究，彻底解决困扰销售员的问题。

自我反思：做销售的人是不是骗子?

在很多销售员心中，经常会有这样的困惑：做销售的人是不是都是骗子？基于这种思维模式，于是就出现了以下类似的情境：
很多时候，大家因为感觉自己骗了人，而受到良心的谴责，夜不能寐；
心里经常有很重的负罪感，觉得自己对不起顾客；

觉得自己不关心顾客的死活，只想着如何让顾客乖乖地把钱掏出来……

请再回忆一下你过去的体验，是不是出现过这样的想法，觉得自己做的事情有时候像骗子一样：脱离真实情况，夸夸其谈，只要能把产品卖出去就行？

是不是因为竞争的压力、业绩目标的牵引，想得更多的是如何完成指标，如何通过考核，至于手段就不关心了，只要能成交，能赚钱，其他一概不考虑。当顾客进店的时候，进来的不是人，是钱，大脑中一个劲儿地想着如何把顾客口袋里的钱装到自己口袋里。

拥有这种观念的人，其实不仅仅只是门店的普通销售员，有时候很多主管销售的高管也对这种观点深信不疑，大力推广。

○ 案例

有一次我受邀给国内一家非常知名的家电企业进行营销分享，为了更好地了解我的顾客，我前去观摩他们的内部培训会。在会上，企业销售总监在讲台上激情洋溢，信誓旦旦地对着下面一千多名销售员说："我们做销售，是干什么的？实话说，我们就是骗子，我们要时刻想着如何让顾客口袋里的钱变成我们口袋的钱，要懂得忽悠，对顾客不存在不好意思或者感到惭愧，我们就是骗子！不骗，我们的产品怎么卖得出去？顾客的钱怎么拿得过来呢？我们不骗，我们就活不下去，我们必须要做一个顶级的骗子！"台下的一千多名业务员有的情绪激昂，有的一脸茫然，有的痛苦不堪、纠结万分。

当我看到这一情景时，震惊万分。如果大家都抱着这样的观念去做业务，当我们在推销产品时，我们的思想就会不坚定，销售动作就容易变形，有可能还会做出违背良心的，甚至是犯罪的事。而那些善良的人，在这种观念的影响下，可能就会远离这个职业。

如果做营销的人都是骗子，按照这个逻辑，我在全国各地、各行业传授营销方法和销售技巧，每年听课的学员超过十多万人，那我不就成了最大的骗子？——骗子的宗师了？！如果真的这样，那我早就被绳之以法了。我之所以可以不断地去推广先进的管理方法和营销技巧，帮助中国企业更新现有管理和营销系统，是因为我做的事情不是骗子的行为。

不能对结果负责的人才是骗子

上例中那位总监拥有这样的观点，尽管一定程度上说明了市场竞争的残酷性，但是销售员是骗子的观念肯定是不对的。我们必须要彻底认清这个问题，才能成为顶级销售高手。

○ 案例

场景一：有一个小伙子和一个女孩子谈恋爱，二人交往了三四年，有一天，女孩子对男孩子说："亲爱的，我怀宝宝了。"第二天那男孩子消失得无影无踪，从此以后再也找不到人了。那么，这个小伙子是不是骗子？

场景二：有一个小伙子和一个女孩子谈恋爱，二人交往了三四年，有一天，女孩子对男孩子说："亲爱的，我怀宝宝了。"第二天男孩子欢欢喜喜地牵着女孩子的手去民政局领结婚证，并给女孩子办了一场风风光光、浪漫温馨的盛大婚礼。男孩子从此以后承担起养家糊口的责任，疼爱老婆和孩子。那么，这个小伙子是不是骗子？

我相信大家都会说第一个小伙子是骗子，不但是骗子，而且是令人憎恨的感情的骗子。而第二个小伙子不是骗子，是负责任的人，是可靠的好男人。一个人对自己行为所产生的当下和未来的结果呈现出的不同态度，造成了人们对其最后不同的判断。所以是不是骗子，关键就在能否对结果负责，不能对结果负责的人才是骗子。

我们对自己销售出去的产品负责,我们不是骗子

现在,请所有的销售员回答这个问题:我们的产品质量可靠吗?我们能不能对自己销售出去的产品负责?如果答案是肯定,那么大家就不是骗子。很多品牌不但能负责,而且还有保修、保养周期的服务承诺,甚至还有终身服务的承诺。世界上有那么好的骗子吗?所以销售员们以后向顾客介绍产品或是催款时,要理直气壮、光明磊落,因为你提供了高品质的产品,能够对自己销售出去的产品负责,所以你不是骗子,而是在创造价值,提供服务。

★ 天墨点评

销售工作是价值交换工作。我们要创造最好的产品和服务,为中国社会发展做出贡献。在销售时要站在顾客的利益角度进行产品交换,实现双赢,赢得口碑。我们要远离坑蒙拐骗的行为,要行得正,站得稳。

第二章
困扰二
顾客都是"肥肉"？

➡ **流行观点：顾客不是人，而是"肥肉"**

当人类社会产品有富余时，就产生了交换行为。然而随着市场越来越开放，竞争也越来越激烈，几乎每个行业中都存在着你死我活的竞争。"业绩为王"的观念深入人心，很多销售员开始不择手段地拿单，坑蒙拐骗的现象屡屡出现，顾客在很多销售员的眼中，根本就不是人，而是香喷喷的"肥肉"！只要有本事就拼命地拿刀来砍，剁的肉越多代表本事越大。我想说的是拥有这种观念的都是境界很低的销售员，他们完全误解了销售的本质，顶级销售员可不会这样想、这样做。

销售的本质是价值的交换

当社会产品极大丰富时，产品的交换就产生了。由于存在交通、信息、服务、资源等的不对称，从事产品交易的中间人就产生了，即我们俗称的商人。随着交易规模的扩大以及社会分工的发展，出现了销售员。销售员为顾客提供了高品质的产品和服务，获得了报酬，顾客付出了金钱，获得了自己想要的产品，这种交易是各取所需，公平交易。

在生活中，同一件产品可能会出现几种不同的售价，有的价格高，有的价格低，那卖高价格的是不是就是骗子？比如：一瓶水在超市是2元，而在火车上的价格却高出好几倍，难道火车上的销售员是骗子吗？

答案很简单，一件产品的价值会随着产品所处的时间、地点、需求对象的变化而发生变化，当产品价值发生变化时，它的价格也随之发生变化。所以一件产品卖出不同的价格是非常正常的，这也正是市场经济的显著特征之一。

销售员的业务水平是分层次的

三流销售卖产品，二流销售卖品牌，一流销售卖理念。不同层次的销售员在销售产品时的思维方式和操作方法不同，最后的结果必然不同。有的销售员每天轻松应对，一路过关斩将，创造优良业绩；有的销售员承受着巨大的心理压力，费尽心机，做成一单费尽九牛二虎之力——究其原因正是销售员业务水平层次的差别。

○ 案例

某卫浴店，两名 28 岁左右的女性顾客在挑选产品。其中真正的买家觉得不错，挺喜欢的，但是她的陪同人要到其他店面再看看。

销售员："刘姐，您看半天了，也是非常喜欢我们的这套产品，要不今天就定下来吧？"

> 销售员的沟通非常到位，凸显了顾客对产品的兴趣点，同时借机逼单，还不让人厌烦。

刘姐虽然喜欢，但是不置可否，没有下定决心。

朋友："我觉得也还行吧，不过我们刚进卖场，这样吧，我们先去别的地方转转、看看，没有合适的再回来吧！我们要像《非诚勿扰》里的嘉宾一样，好好挑挑！"

> 这是店面销售中经常出现的情况:顾客挺喜欢的,可是同行的人不喜欢。如果没有处理好,经常会丢单。

销售员:"呵呵,那我就是孟爷爷了。那节目,我平时也挺爱看的。呵呵,那既然我是孟爷爷,我还真要说几句。这位美女,您不仅精通装修知识,而且对朋友也非常用心,能带上您这样的朋友一起来买洁具真好!不过,您也看到了,现在卖场这么多,品牌这么杂,档次也各有不同,在有限的时间内挑出自己喜欢的真的挺难的,如果泛泛地看,您一定也很难帮助您的朋友挑选到真正适合她的东西,最后还是两手空空,你说是吧?"

> 这样的销售员很厉害,绵里藏针,先扬后抑,把顾客赞美得很舒服,又很好地给顾客提了一个醒,成功地化解了顾客四处转悠给我们带来的丢单风险。

朋友:"那应该怎么挑呢?"

销售员:"选洁具,您只要遵循以下三大原则,就会有方向、有目标。"

> 这是主导对方思路的语言。很多时候顾客没有选择我们，很大程度上是因为不知道怎么去选择。因此，一流的销售员都善于在顾客的大脑中建立标准，抢占成交的先机。而不是简单地推销产品，靠产品本身来吸引顾客，靠顾客自己的兴趣来成交。

刘姐："哪三大方向？"

销售员："那就是——

原则一：身份对等。评估一下自己的购买力，先挑一两个适合自己的卖场，根据我们刚才的沟通，我建议您只看××卖场就行了。

原则二：产品风格。装修对产品风格有一定要求，自己不喜欢的风格，看一万遍，还是不喜欢。喜欢的，那就越看越有感觉。您看，您朋友就超喜欢这种类型的。

原则三：重点突破。在类似的产品中重点挑选。对自己喜欢的产品和品牌重点体验和了解，这样能更好地帮助自己做决定。"

> 陈述得专业到位，同时不断强化顾客本身对产品的喜欢，让顾客的朋友无法否定。销售功力可见一斑。

对于销售员的说法，二人表示认同。

销售员："这位美女，我们这边坐一下，我再详细地给您介绍一下我们的产品，这样的话我们可以一起来给刘姐建议，帮助她找到一套更适合她家情况的洁具，好吗？"

两位顾客表示认同，开始与销售员详聊。

在这个店面销售场景中，我们可以清楚地看到，顾客自身很喜欢该产品，也就是说我们的产品满足了对方的需求。对销售员来说，此时就需要想尽办法与对方成交。这是一种双赢的行为，并不是把顾客当"肥肉"来宰。

销售员水平的高低直接体现在如何看待顾客、如何处理顾客的异议上。要让顾客买得开心，用得放心。

顾客不是"肥肉"，而是衣食父母

应该怎样看待我们的顾客呢？应把顾客当作我们的衣食父母来对待。

我们的衣食住行等所有的费用都来自于我们的顾客。一定要发自内心地感激他们、感恩他们。

用看待长辈的眼光来看待顾客，能让我们发自内心地关心顾客、喜欢顾客，这样，顾客也会喜欢我们，愿意和我们成交。

此外，换位思考也能帮助我们理解顾客的艰辛与不容易，与顾客处在同一个"频道"上，更容易获得顾客的信任和理解，从而大大降低销售成交的难度。

☆ 天墨点评

> 理性地对待顾客。只有为顾客带来价值，我们才能真正实现价值。让我们的思想和行为都围绕顾客的需求展开，找到顾客的真正痛点，帮助顾客解决问题，铭记顾客才是我们不断成长的动力。

第三章　困扰三
　　　　老板都是黄世仁？

➡ **流行观点：老板都是黄世仁**

只要谈起老板的话题，我们常常能听到这样的观点：

我们的老板真抠门；

我们的老板什么也不会，只是在那里瞎指挥；

老板不过是在剥削我们；

没有我们，老板喝西北风去。

在长期的营销服务与传播过程中，几乎在每一个店面的调研中都有销售员告诉我，自己也想开个店，做老板。甚至在很多公司职员中间流行着这样一句话："不想当老板的员工不是好员工。"原本我想说这是梦想和奋斗的动力，想要表达理解和佩服，但当我问起他们想当老板的原因时，他们的回答都是这样的：

"当老板不用被人管。"

"当老板不用受人气。"

"当老板更赚钱。"

"当老板可以开好的车子，买好的房子。"

老板有老板的责任

当老板的确有很多好处，例如，可以拥有多赚一些钱的机会。如果挣到钱了，可以买更好的车子、更好的房子。可是，你知道当老板还意味着什么吗？

当老板，不仅要为自己负责，还要为整个公司的人员负责。

当老板，将付出比员工多十倍，甚至几十倍的精力去工作。

当老板，要冒巨大的风险，要时刻为公司的成败焦虑和担心。

你知道吗？当你下班后和朋友一起潇洒时，老板也许还在为公司的发展发愁？

你知道吗？在你工作出错时，你觉得受了一肚子委屈，所有成本却要由老板来买单？

很多人都认为当老板风光、自由，是的，他们不必担心看别人脸色、不必烦恼周一到周五的迟到记录，他们可以完全按自己的想法去做事，他们奋斗的都是自己的事业。可是，当老板有多少无奈和痛苦你可知道？

平心而论，那些人人羡慕的老板，如果成功了，生活确实过得比普通员工要好一些。不过，老板要承受很多普通员工想都想不到的压力。生意场，人人想赢怕输，商场如战场。所以，老板表面看上去风光，其实，内心却要承受你想象不到的痛苦。

其实老板与员工两者之间的关系无非也是双方的心态问题。比如，员工把老板看成是什么，是为富不仁、只会一味压榨的"黄世仁"？老板又把员工看成是什么，是毫无思想、只会一味顺从的"羔羊"？

双方真的应该把各自的心态摆正，对对方的期望都应该理性一点。工作其实就是价值交换，在这个交易行为中，其本质是双赢。如果一味地占公司的便宜，公司亏损太多，最后经营不下去，倒闭了，对公司的每个人都不是好事；同时，也不能让员工一直吃亏，吃亏多了，优秀人才留不住也进不来，公司无法运转，最后依然无法成功。

老板是什么？

老板是经营平台的创立者和提供者

老板通过自身的资源，努力提供了一个平台，在这个平台上，员工凭自己的能力来创造价值、分享价值，每个员工获得的回报与自身的能力有着直接的关系。

老板是团队的领导者

优秀的老板都善于领导团队实现发展，成就每个人的梦想。优秀的员工都善于利用老板提供的平台，跟随老板的步伐，创造价值。

老板是经营利益的分享者

老板通过投资资金、精力、关系、健康，获得经营利益。经营一个平台必须要参与经营利益的分配，这是最正常不过的市场行为，员工不能因为自己贡献小，收获小就愤愤不平。

员工是什么？

员工是价值的实现者

员工通过努力工作，完成销售业绩，为企业和团队创造价值，同时也为自己带来价值。组织和团队为了培养人才可能会给员工一个成长周期，不过所有的员工一定要清楚地认识到：只有创造了价值才有资格分享价值；只有你创造了价值，你才是有价值的。

员工是问题的解决者

作为员工一定要明白，老板雇用你的根本理由是请你解决问题的。如果一个组织，什么问题也没有，也就根本不需要员工。员工价值的大小与其解决问题的大小、多少成正比例关系。如果你想要获得更多的报酬，那么请解决更多的问题，承担更大的责任。

员工是团队的配合者

一个团队正常有序的运营离不开团队中每一个人的作用。作为团队的一员，你首先要做好自己的本职工作，同时还要充分融入团队，为团队创造良好的氛围，贡献自己的力量。多帮助团队成员，行正能量，只有这样的员工才是一流的人才。

★ 天墨点评

　　基于各自对自身角色的充分认识，我相信，只要大家贡献价值，遵循良好的机制，对责、权、利进行合理界定，按照市场规则分配利益，老板与员工之间就少了争斗，多了包容与共同奋斗。

第四章

困扰四
销售工作低人一等？

➡ **流行观点：销售工作低人一等**

　　零售行业竞争激烈，人员流动也比较大。有一次，我受某品牌老板的邀请，策划促销引爆活动。当时，时间非常紧，严重缺乏人手，于是我给老板"下令"，要求他以最快速度招来人马。招聘广告登出去，来了一些面试的，但是我没想到，当时大部分人都是冲着行政来的，不愿意做销售，甚至有人宁愿做清洁工也不愿从事销售工作，这让我感到非常诧异。细问了一下应聘者的想法，他们的理由让人又好气，又好笑，比如，做销售的人都不怎么样，销售工作低人一等，特别是女销售员，社会上甚至流传着女销售员嫁不出去的传言。这说明很多人的观念相当保守，抱着这样的观念如何能做好销售工作呢？

销售是产生巨大价值的职业

交换才能实现价值

　　销售工作的本质是交换，只有交换才能实现价值的认定。任何产品或服务，即使本身非常棒，如果没有销售工作，就无法交换到需要者的手中，也就无法让产品或服务创造价值，既然它们的价值无法实现，最后就只能消失不见了。因此，销售工作是能真正产生巨大价值的工作。

所有人都在从事销售工作

销售工作是成就事业和人生的最佳职业之一。在商品经济社会，无论你做什么工作，都是用自己的能力换取自己的收入。如何销售自己，已经成了每个人进入社会要面对的首要课题。销售工作成就了许许多多伟大的人，可以这样说，整个社会，下至黎民百姓，上至达官显贵，都在从事销售工作，只是在工作内容和形式上有所不同。国务院总理李克强每次出访都带着很多企业家一同随访，每个人都承担着巨大的销售任务。李克强几乎每次都会向其他国家推荐中国的项目，可以说是中国最"大"的推销员。

成为伟大销售员的必备心智

树立良好的职业心态

要想成为顶级销售高手，首先，必须具备良好的职业心态。

心态成就一切，没有好的心态，你将一事无成。之所以强调要有正确的心态，是因为销售员的心态不同，精神状态就不一样，展现在顾客面前的气质和信心也就不一样，业绩自然就会不同。有人说，厚脸皮是销售员成功的第一步，这并非是贬义，这其实指的就是心态。销售员在主动心理模式下，更容易获得顾客的信任。如果见到顾客连话都不敢说，或者说不清楚，那还怎么卖东西？毫无疑问，销售心态一定要摆正。

建立强大的自信心

其次，要建立强大的自信心，找到职业尊严感。只要我们行得正，坐得端，努力工作，凭自己的付出和汗水挣钱，就没什么低人一等的。社会只有职业分工的不同，在人格上，人人都是平等的。在销售过程中你要认清这一点：当你向顾客介绍产品时，你就是主角，一定要从容不迫，体现出你的专业性。要时刻记住：你为顾客带来了最好、最有价值的东西，你是帮助顾客解决问题的人，你是最受欢迎的人。很多时候在店面销售过程中，与销售员打交道的顾客层次比较高，诸如老板、经理、董事长等等，此时销售员千万不要因为自己只是个小人物而缺乏自信,要不卑不亢,大方自信,而这种职业性的自尊会让你赢得顾客的好感与尊重。只有自己看得起自己,顾客才会信赖你,更倾向与你成交。

★ 天墨点评

　　销售是最伟大的行业之一,销售工作是最好的实现自我、成就事业的途径之一。一定是文武双全,德才兼备,拥有坚忍不拔精神的人方能披荆斩棘,崭露头角。我做销售,我怕谁!

第五章　困扰五
销售员没有前途？

➡ 流行观点：销售员没有前途

"三百六十行，行行出状元。"爱迪生说过一句话："世界上没有真正的天才，所谓的天才就是99%的汗水+1%的灵感。"乔·吉拉德也说过："销售的成功是99%的勤奋+1%的运气。"著名的推销之神原一平也说过一句话："销售的成功就是99%的努力+1%的技巧。"不可否认，他们都是成功人士，因此他们的话都有道理。从这三句话我们可以发现：任何成功都是要付出代价的，而灵感、技巧、运气是成功不可缺少的因素。

销售员作为公司的一线员工，很辛苦，工作压力和生活压力都很大，都希望把工作做好，但往往事与愿违，很多时候都是热脸贴着冷屁股。因此，销售岗位变动很大，尤其是刚入职的销售员，有很多都是不得已才进入销售的大门。当然，还有一些销售员是看了不少伟大销售员的传奇故事，立志投入销售行业，想闯出一片天。但是，理想很完美，现实很残酷。很多人经过努力依然一事无成，于是思想开始动摇，销售没有前途这样的观念开始占据内心。当你觉得销售这个职业没有前途时，应该先自问："我真正努力过吗？"

销售能够实现梦想，成就伟大的人生

美国著名的推销员乔·吉拉德，是《吉尼斯世界纪录大全》认可的世界上

最成功的推销员。从 1963 年到 1978 年，乔·吉拉德一共推销出 13001 辆雪佛兰汽车，以致连续 12 年荣登《世界吉尼斯大全》世界销售第一宝座。他所保持的世界汽车销售纪录——连续 12 年平均每天销售 6 辆车，至今无人能破。他实现了自己的梦想，过上了想要的生活。当今中国最传奇的人当属马云。为了补贴公司的费用，马云最早就是从义乌批发一点小商品摆地摊，公司发展后又四处推销自己的想法。今天马云成了中国最成功、最富有的人之一。

从马云、史玉柱等一个个成功人士身上，我们看到了销售成就伟大的人生，完全可以粉碎"销售员没有前途"这句话。销售，可能并没有直接创造产品，但是形形色色的商品和服务只有通过销售，其价值才能被人们所认知，其价值才能得到体现。在市场经济社会中，谁最接近市场，谁最接近顾客，谁就最有发言权，谁就最能在市场中叱咤风云。销售员就是这样的人，因此其具有实现自身价值的天然优势。

销售可以期待巨大的回报

商业是一个"英雄不问出处"的江湖，大家都处在同一起跑线上，出身、背景、资历甚至家底此时都不能起决定作用，关键就看各人的头脑、悟性和努力。我亲眼见过很多很年轻的销售员"一战成名"，在销售实战中证明了自己的实力和潜能。他们不仅立即在金钱上获得了回报，更快速地为自己打开了职业道路上的成功之门。

销售能够快速地塑造人才

能做好销售的人，未来无论做什么，都能做得很好。因为销售这一职业，能练就强大的承受压力的能力，能锻炼与人沟通和为人处世的技巧。拥有这样良好素质的人，一定能成功地把自己的价值销售出去，因而必定拥有使人喜欢、快乐的能力，这样的人到哪里都受人欢迎，做什么都能做好。

销售是一条通往成功之路，虽然这条路不会是平坦笔直的大道，但的确很可能是条成功的捷径。

☆ 天墨点评

销售能成就强者，也可能毁灭弱者。销售是强者的职业，因为必须是强者才能经受住最大的挑战、最沉重的打击、最艰苦的磨炼。通过艰苦卓绝的努力，销售员才能达到人生的顶峰，正所谓："会当凌绝顶，一览众山小。"

第六章 困扰六
店面模式将要灭亡？

➡ 流行观点：店面模式将被电商取代

请问，你每天早上醒来后做的第一件事情是什么？是不是摸出手机，看看微信，再看看新闻。是的，网络已经彻底进入我们生活的方方面面。基于网络，衍生出许多新生事物，其中，电子商务就是一个突出的代表。它的出现，颠覆了传统的商业观念、模式，乃至文化，对传统商业造成了不小的冲击。近年来，许多老板都觉得实体店的生意很不好做，日子越来越难过。反观那些网店老板，好像个个满面春风，天天发货发到手软。然而我们看到的很多都是表象，电子商务无法立刻改变一切，店面销售的模式还将存在，只是他的定位和功能将发生变化而已。

电商模式的优势

节省成本，提升利润
传统的店面营销模式中，销售可能需要经过代理商、经销商等多种渠道和多个环节，环节的增加意味着成本的增加。电商模式则打破了长久以来的这种局面，使厂商可以直接面对消费者，减少了很多中间环节，也就减少了中间的交易费用，提升了利润空间。

突破时间限制与地域限制

店面营销模式需要在固定地点、固定时段销售,而电商营销模式以网店为根本进行在线销售,突破了时间、空间的限制,顾客随时可以下单。没有地域限制,电商可以在更大程度上满足各类消费者的需求。作为电商,只要你有能力,你就可以随时随地做全球人的生意。

更具价格优势

店面营销模式需要店面租金、装修费用、人员、硬件设施等各种资金,投入巨大,而电商模式在硬件和软件上节省了大量成本。成本降低的同时,电商可获得更大的利润空间并将一部分利润转让给顾客,因此,形成了与线下相比的价格优势。

信息及时传递

在店面营销模式中,用户对于产品的意见和看法通常只能反馈给最终零售商。电商营销模式则不同,网络使得厂商与顾客之间的密切沟通成为可能,顾客可以将自己的体验直接告知厂商,厂商也可深入了解顾客的心声,厂商通过电商还可进行顾客调研。知己知彼,才能最终掌握顾客的需求,获得顾客的青睐,提高市场占有率。

电商模式的不足

电商模式有这么多优点,难道店面营销模式真的要彻底被电商模式取代吗?我认为是不会出现这种情形的。中国最成功的电商马云对此也给出过清晰的预见:"实体店永远不会消失,但电子商务会越做越大。"新兴的电商营销模式也有其无法回避的不足之处。

网络商品展示的局限性

电商营销只能依靠网站的制作和网页设计来向消费者展示产品,消费者无法亲自体验产品的外观、内涵、文化等无形的价值，从而导致消费者在选择高端产品时更倾向于到店面购买。在高端家居用品、高端生活用品、高端体验消费、高端服务等品类上，店面营销模式将永远无法被取代。

电商的巨大营销成本和激烈竞争

数据表明，目前真正赢利的电商不足20%，大量的电商都是在赔钱赚吆喝。随着电商的急剧增多，竞争越来越激烈，营销成本不断上涨，营销效果越来越差。同时，因为信息的直接、透明，导致电商利润下滑，很多电商开始以次充好，降低商品品质，直接影响了消费者的口碑，导致一部分高端消费者远离电商，继续在线下实体店消费。

网络购物的人群及安全隐患

数据表明，现在网络购物的人群主要集中于1980年后出生的人群中，年纪稍大的人还是习惯在店面购买，关键原因在于这部分人对网络不熟悉。同时，由于目前网络支付的安全问题，导致很多人不愿尝试网络购物。

实体店的转型出路

面对电商模式的冲击，实体店要学会转型。

功能转变

店面销售需要从以单一销售成交为中心，转变为品牌展示中心、产品体验中心、文化交流中心和活动策划中心。

销售方式转变

店面要从过去的坐商转变为行商，要学会主动拥抱网络，采取线上、线下相结合的模式进行推广，把店面体验中心的功能更多、更好地发挥出来。

产品转型

在未来的消费中,凡是标准化、工业化、低价值的产品都可能实现网络销售,而对于定制产品、个性化产品、高端产品,店面销售方式是必需的,至少也是线下体验的重要渠道。所有店面经营者都要学会对产品进行升级与转型。

☆ 天墨点评

面对电商的冲击,如果店面经营者不求改变,那么其实体店迟早会被市场淘汰。如果实体商店随着市场的剧烈变化,同步求新求变,不断重新定位目标顾客,那么,它的未来仍然一片生机。

第七章 困扰七
店面工作枯燥乏味？

➡ 流行观点：店面工作枯燥乏味

在多年的店面调研和服务过程中，经常发现一些销售员在店面没有顾客时眼神呆滞、无所事事，还有一些人工作不久就想着辞职，以此来逃避"无聊"的工作。很多人都抱怨店面工作不好做，特别枯燥乏味，也学不到什么，没有新鲜感，交往空间小，只能以无聊、发呆这种混日子的心态过一天算一天。销售员的理由好像有点道理，可是如果仔细想想，无外乎是不懂得如何规划自己的时间，不知道以小见大，即缺少自我管理和规划能力所致。这样的销售员工作状态不好，工作中找不到感觉。如果销售员自己都不喜欢自己的工作，又怎么能说服顾客，怎么能做好销售工作？

干一行，爱一行

常言道，干一行就要爱一行，做一行就要专一行。只有你真正地深入到某件事情中去，你才能找到其中的乐趣，而你的乐趣又会指导你走向更大的成功。

○ 案例

有一次为某企业进行培训，因为培训效果非常好，企业老板非常满意，于是请我去一家非常有特色的酒店吃饭，以示感谢。然而，当

第七章 · 困扰七
店面工作枯燥乏味？

我坐到包间时，发现这个饭店并没有预想的那么好。我就问："王总，这个饭店有什么好的，值得你大力推荐。"王总笑了笑，说："先别着急，你看看菜谱就知道了。"当我打开菜谱一看，我就明白了，今天晚上的菜肯定色香味俱全。尤其是色，我发现几乎所有盛菜的盘子上都有非常精美的、活灵活现的雕花。我用手指了指那些雕花，看了看王总，王总一点头，说："胡老师，你走南闯北的，见多识广，今天我是特意带你来见识一个人的。这个人非常传奇，我给你讲讲她的故事吧。

"在湖南一个偏远的农村，有一个小姑娘因为家里很穷，没有读完初中就不得不辍学。因为没有文化，长得又不够漂亮，出去找工作就成了一件非常困难的事。后来，好不容易在一家湘菜馆找到了一份在厨房里打杂的工作。

"小姑娘非常珍惜这来之不易的工作机会，工作特别卖力，也很主动，常常在自己分内的工作完成后，主动帮厨房里的师傅雕一些萝卜花。这些萝卜花主要用来放在装菜的盘子里做装饰品用。久而久之，小姑娘迷上了这份业余工作，经常买一些萝卜放到宿舍里，下班后就躲在宿舍里，如痴如醉地研究雕萝卜花。这样，三年时间在不知不觉中就过去了，小姑娘雕萝卜花的水平已经达到了出神入化的境界，一个小小的萝卜，她可以雕出100多种花的姿态。

"有一天，一个外商到小姑娘打工的这家湘菜馆吃饭，被桌上美妙绝伦的萝卜花深深吸引。吃完饭后，这位外商执意要见雕萝卜花的人。

"小姑娘的好运终于来了，这位外商特地为小姑娘的独特手艺开了一家很有创意的星级酒店，小姑娘只负责雕花，并享有酒店20％的股份。酒店开张后，前来吃饭的人络绎不绝。更让人称道的是，小姑娘在全国厨艺雕工大赛中，获得了金奖。成了厨艺雕花领域的权威，当记者采访小姑娘时，小姑娘只说了一句话：'上帝对我其实非常偏心，因为他只给了我一个萝卜。'

"胡老师，现在我们所在的就是这家酒店，那个女孩子现在是他们的艺术总监。"

一个用心做事的人做什么并不重要，重要的是只要喜欢和热爱这份工作，都能成就一番事业。这个小姑娘如果当年对雕萝卜花这件事没有那么浓厚的兴趣，或许到现在也还是酒店厨房里打杂的员工。正是因为这个业余爱好，让她在以后的人生道路上大放光彩。

丰富我们的店面时光

利用店面的空闲时光，你可以做下面这些事情：钻研专业知识，了解品牌、产品、卖点、优势；"人上一百，形形色色"，研究顾客的工作，永远没有尽头；养成不断学习的习惯，利用空余时间涉猎各种书籍，无论天文地理、文学艺术、新闻、体育等。

销售员要善于聊天，可以说，聊天能力直接影响你的销售业绩。就如同交朋友能力一样，业绩好的人善于交朋友，业绩不好的人不太善于与人沟通、结交朋友。

销售工作每天都会接触到形形色色的顾客，只有具备广博的知识，才能与顾客有共同的话题，才能谈得投机。与顾客谈得投机，业绩自然而然就会提升。

在业绩提高的同时，你既增长了知识，也交到了朋友，这时候你还会感到店面工作枯燥乏味吗？当然不会。

☆ 天墨点评

没有乏味的工作，只有乏味的思想。热爱生活、热爱工作的人，在哪里都有阳光，在哪里都是春天。只要有一颗美好的心灵，有一种积极向上的生活态度和方式，店面时光就会变得多姿多彩。

第八章

困扰八
店面销售员就是打工的？

➡ 流行观点：店面销售员就是打工的

在我多年为一线终端服务的过程中，接触了大量的店面销售员，我发现他们中大多数人认为自己就是打工的，干一天活，拿一天钱，混一天算一天。店面也好，公司也好，和自己都没什么关系，做好做坏无所谓，能做就做，不能做就换一个工作。以这样的心态来工作，导致自己一直没有成长，甚至越来越迷茫，根本找不到工作的方向和感觉。打工的心态害死人啊！

心态决定成就

所有的结果都是行动造就的，所有的行动都是受思想的支配和驱动的，可以说有什么样的心态和思维就有什么样的成长与成就。何为心态？简单地说，心态就是我们对自己、对他人、对社会、对事情、对问题的看法和观点，就是我们对工作、对事业、对家庭、对朋友、对同事持的观点和态度。

不同的人，对待同一事物会有不同的心态；不同的人面对同样的遭遇，如果有着不同的心态，必然也会造就不同的人生。

○ 案例

贾云溪和符清雪从小便相识，一同上学堂，十年寒窗后一起去赶考。路上他们遇到了一支出殡的队伍。看到那个黑漆漆的棺材，贾云溪心里立即"咯噔"一下，凉了半截，心想："完了，真触霉头，赶考的日子居然碰到了这种事。"于是，心情一落千丈，走进考场，那个"黑漆漆的棺材"一直挥之不去，结果，文思枯竭，名落孙山。

符清雪也看到了那个黑漆漆的棺材，一开始心里也"咯噔"了一下，但转念一想："棺材，棺材，噢！那不是有'官'又有'才'吗？好！好兆头，看来我要红运当头了，一定高中。"于是心里十分兴奋，情绪高涨，走进考场，文思如泉涌，果然一举高中。回到家里，两人都对家人说："那'棺材'真的好灵。"

为什么贾云溪名落孙山，而符清雪却获得了优异的成绩，高中了呢？原因就在于他们的主观意识不同，因而对事物发展的作用不同。这边贾云溪心愁，那边符清雪神爽，不同的心态导致不同的结果。

○ 案例

香港富豪李嘉诚小时候家里没有钱供他念书，他只好辍学打工，从16岁开始就去做推销员。他决心要做一名成功者，他的信念是比别人多付出两倍以上的努力去工作。一般人一天工作8小时，他就工作16小时。经过努力，他很快就成了公司的销售冠军。18岁时，他被公司提升为业务经理，20岁就被公司提升为总经理。到了22岁，他就自行创业，成立了长江实业公司，开始了问鼎香港首富之路。

每个人只有不停地向上攀登，才可能享受最大的自由和空间。保持积极进取的心态，让自己试着从人生的地平线上跃起，你的人生将大不同。

如何做好店面销售这份工作

销售员要用什么样的心态来面对每天的店面销售工作呢?

有一颗积极向上的心

首先,销售员要有一颗积极向上的心。没有任何人喜欢冷漠的人,积极热情的心态不但能感染自己,最重要的是能感染顾客。记住,热情能带来热情,活力能激发活力,而冷漠能带来更大的冷漠。

有一颗拼事业的心

其次,销售员要有一颗拼事业的心。当你把工作当作事业时,你的心态立刻发生变化,你会愿意为之付出,你的所有经历都将成为未来的资本。不要计较眼前,干一天活就想要回报的,只能当钟点工;干一个月活就要回报的,只适合做工薪族;干一年才想要回报的,适合当老板;干一辈子才想要回报的,将成就伟大的事业。

有一颗持续学习的心

最后,销售员必须拥有一颗持续学习的心。现代社会竞争激烈,知识更新速度快,观念日新月异,因此,要求每一个销售员不断地学习,更新观念,扩大视野。这样才能跟上时代的脚步。只有学会在工作中学习,在工作中提升,在工作中进步,你才能在竞争中立于不败之地。

★ 天墨点评

你有什么样的命运,取决于你想要什么样的命运;你是什么样的人,取决于你想做什么样的人。请停止抱怨,为梦想付出坚定的行动吧!

第九章 困扰九
店面销售员就是坐在店面等客来？

➡ 流行观点：店面销售员就是坐在店面等客来

店面在很大程度上是一个物理概念，具体而言就是在一个固定的地点集中进行商品交易的场所。一直以来，销售员都习惯于坐商销售，也就是采取守株待兔的方法进行销售。这些观念都是基于人们沟通与交流不方便的条件下出现和存在的，而现在情况发生了巨大的变化，守株待兔的方法行不通了。森林变了，木桩变了，兔子（消费者）也变了，他们都装上了GPS消费导航系统。销售员必须要跟上形势的变化，从被动等待变为主动出击。

坐等收钱的日子一去不复返

近年来，很多行业营销重心下沉，渠道下移已是大势所趋，特别是县镇批发零售渠道，更是很多厂商纷纷看好而趋之若鹜的地方。但与此同时，一个不可回避的现实是，原来足不出户就可以实现销售，如今坐等收钱的日子已一去不复返。

许多经销商已经清醒地认识到，营销模式已经到了不得不转变的时候，即要从原来的坐商转变为行商，从店面销售为主转变为多种销售方式互相配合。如果不改变营销策略，仍然当个坐商，结果只能是坐以待毙。

我服务过的许多企业老总都曾打趣地说:"以前朋友都开玩笑说,你们经营卖场的就像地主,摆上产品,就坐等收钱,安逸!"但现今乃至未来,这是不可能再出现的局面。这就要求商家必须走出去,必须适时转变经营观念,向服务要效益,向服务性市场转变,实现从坐商到行商的转变。

从坐商到行商

现在已经不是一个"酒香不怕巷子深"的年代了。连满脸皱纹的老奶奶都开始学广场舞了,大家连吃个饭都要掏出手机,发个微信朋友圈……这个时代,不是蒙着脸别人就认为你是天仙,就连参加中国达人秀的老太太、老大爷也各展其能,让我们惊讶连连,你还有什么理由坐在店面守株待兔呢?转变势在必行。

目前比较流行的行商模式主要有:

活动爆破营销

通过主动策划大型促销活动来吸引客流和引爆成交已经成为很多店面的撒手锏。现在无论是线下卖场,还是线上电商,无论哪个行业,都在销售的黄金季举办集中的促销活动。例如,2014 年"双 11",中国电商行业再次引爆了消费狂欢。每年我都要带领团队在中国策划几百场促销活动,这都是主动集客和成交的生动体现,这种主动做活动的方式已经大行其道。

电话和短信营销

已经有很多品牌开始组建自己的电话营销中心,针对精准顾客进行一对一的沟通和推广,效果非常好。找到精准顾客信息,进行电话和短信精准营销,效果是直接的,能快速转化为销售额。无论是线上还是线下,未来的主流销售模式就是精准人群的主动营销。

定点推广

定点推广是指针对目标顾客可能出现的地方进行精准的宣传与推广,开展特色抢购活动。比如针对特定人群的促销活动，针对特定单位、特定行业的促销活动等，都可以增强与消费者的互动和联系，形成品牌与目标人群的情感纽带，从而轻松拉动销售。

网络营销

越来越多的品牌利用网络进行宣传和直接卖货，并导入网站、博客、微信、QQ 等一系列网络模式和渠道进行主动营销。

联盟营销和推广

越来越多的品牌组建异业联盟，开展营销推广、资源整合、团队共享、活动策划等主动营销活动，从而实现将销售从被动等待引导到主动成交，从坐商到行商的转变。

从坐商到行商，对经销商来说，是一种思想和行为方式的革命，因此，也注定充满了挑战。经销商从坐商转变为行商，更多的是一种精神蜕变，是一种自我检核、自我否定。其实，经销商只有敢于和善于反省和剖析自己，与时俱进，紧紧把握市场的脉搏，在自我反思中提升，在自我否定中升华，才能真正转变自我，从而实现从蛹到蝶的巨变，才能凤凰涅槃，走向新生，不断迎来一个又一个胜利，创造一个又一个辉煌。

★ 天墨点评

　　世间万物唯变不变。营销的模式和手段每时每刻都在不断的变化。销售员要沉下心来，认真研究，大胆采用最新的、最适合当下营销环境的模式和手段，不断"归零"自己、"清空"自己，才能笑傲江湖。

第十章

困扰十
工作不稳定，不值得长期做？

➡ 流行观点：工作不稳定，不值得长期做

社会每天都在变化，机会也很多。很多人从踏入社会开始，就在不断地换工作，在一个岗位上还没呆多久，稍有不顺就想跳槽。尤其是店面销售员，觉得天天在店里，没有动力，工作枯燥无味，没有前途，不是长久之计，因此，稍有诱惑就想着跳槽。

以此为生，精于此道

不断地换工作，将严重影响你经验的积累和能力的提升，导致你的社会竞争能力越来越弱。

我们从小就听说过水滴石穿，"只要功夫深，铁杵磨成针"这些道理，应该知道没有人能随随便便成功，都是靠着一点一滴的积累，量变引起质变，最终取得成功。

○ 案例

有一位保险销售员，连续15年向一个潜在的顾客推销保险，直到有一天，这位顾客再也听不到他的推销了，因为这位顾客去世了。

这位销售员怀着悲痛的心情前去参加这位顾客的葬礼。在那里，他结识了这位顾客的女儿。顾客的女儿对他说:"我在整理母亲遗物时,发现了好几张您的名片,上面还写有一些十分温馨的话,我母亲一直很用心地保存着这些名片。今天我特地向您致谢,感谢您曾如此陪伴和鼓励我的母亲,给我母亲带来快乐。为了答谢您的好意,我想向您购买保险……"

然后她拿出 20 万元现金,请这位销售员签约。对于这突如其来的订单,这位销售员大为惊讶,一时之间,无言以对。

老太太的女儿之所以会买下该公司的保险,就是因为被这位保险销售员的恒心所感动,被他为母亲所做的点点滴滴打动。

白沙集团老总在接受媒体采访时,也说了一句非常经典的话:"白沙集团每年都能更上一层楼,是因为我们自始至终都奉行一个原则,这个原则就是:'以此为生,精于此道。'"

解决之道——恒心

"三百六十行,行行出状元。""闻道有先后,术业有专攻。"要想在销售行业出人头地,创造辉煌的业绩,只要方法对了,并不是一件十分困难的事。经过我多年的摸索以及与多个行业内的营销高手接触,总结出成为一名优秀销售员必须掌握的秘诀——恒心。

恒心是什么?恒心就是坚持到底,永不放弃。有所成就的人,大都经历过艰苦的磨炼。只要你善于总结,有恒心,挫折和困难就会成为成功的阶梯,但如果没有恒心,挫折和困难就会使你过早放弃。正确地面对压力,巧妙地分解目标,压力就会成为永恒的动力。

世间最容易的事是坚持,最难的事也是坚持。说它容易,是因为只要愿意做,人人都能做到;说它难,是因为真正能够做到的,终究只有少数人。"行百里者半九十",成功在于坚持,没有坚定不移的恒心,不是半途而废,就是功亏一篑。

只要你坚定信念并坚信不疑地去做一件事，那么这件事就会做到极致，从员工到老板并非不可能。

突破之道——积累

卡耐基曾经说过："我觉得你完全有成功者的潜力，但不知道你是否一定能成为成功者，这完全取决于你自己。如果你有去争取成功的进取心，那么，没有什么可以阻挡你；如果你没有这样的力量和愿望，那么，再好的教育，再有利的外界因素都不足以把你推向成功。"

如果你有足够的决心并付之不懈地努力，不断地积累能力和资本，你就一定会成功。如果你没有这样的决心，你也许会看到那些条件不如你但有着更大决心的人走到你前面。

积累才是一切经历的真正价值。我们所有的经历都将成为过往，唯有经历中沉淀下来的智慧、知识、方法和资源才是对我们未来最大的帮助。所以比我们做什么更重要的是一定要学会总结、思考和优化，不断地修正我们的错误、提升我们的思想境界、增强我们的力量、固化我们的行为，为创造更美好的未来积累资本。

★ 天墨点评

"不积跬步，无以至千里。"工作的过程中一定要学会不断地思考和总结，不断地积累智慧、知识、方法和资源，提升能力，只有这样，你才能成为职场赢家。

PART 2

实战销售篇

智慧销售一式
破冰：悄然无声，顾客心门自然开

智慧销售二式
赢信任：展现魅力，心悦诚服听你说

智慧销售三式
挖需求：洞若观火，三教九流全明白

智慧销售四式
巧推荐：巧舌如簧，字字如刀

智慧销售五式
破竞品：进退有度，顾客对你情有独钟

智慧销售六式
善引导：主动出击，牵着顾客鼻子走

智慧销售七式
解异议：有理有利，求同存异

智慧销售八式
必成交：成交策略分析

第十一章 智慧销售一式：破冰
悄然无声，顾客心门自然开

参考销售场景

　　顾客进店一言不发，无论销售员怎么说，顾客都没有反应，随便看看就走了。

场景分析：营造融洽的成交氛围是关键

　　冷清的家具专卖店里，销售员正站在店门口，这时进来一位女士。

　　销售员非常热情地招呼："欢迎光临××家具专卖店！您好，今天过来看看家具吗？来，这边请，我们店所有的款式都在这边，您先随便逛逛，请问今天想买哪种款式、风格的家具呢？"

> 　　几乎每个销售员都会遇到这样的问题，而且这样的问题也是最难解决的问题之一。"您先随便逛逛。"这样的说辞是致命的错误！暗示顾客随便看看，看看就走，关键是一旦这样去应对顾客，结果是大多数顾客自己就走了。此话一出，要想再次主动接近顾客并深度沟通，就会非常困难。

　　顾客沉默不语。顾客把店里所有款式快要看完了，还是一句话也不说。

销售员:"您看中了什么款式吗?您想进一步了解的话我可以给您介绍一下。"

> "您想进一步了解的话我可以给您介绍一下。"
> 此话一出,实际上就等于已经放弃为顾客主动介绍。

顾客始终没说什么,在店里转了一圈就离开了。

结论

我们想要让顾客喜欢我们、信任我们,而现实是顾客寡言少语,甚至一言不发,一切从沉默开始,以沉默结束。这是为什么?其实,销售成交的关键在于营造融洽的销售氛围。简单来说,销售氛围是指顾客在卖场所处环境的气氛和情调。正是这种氛围,可以让顾客自发地产生购买欲望。

那么销售员该如何营造出融洽的销售氛围呢?想要营造融洽的销售氛围,销售员需要与顾客达成心灵上的默契,达成观念上的共识,了解顾客的心理,有针对性地进行沟通与互动,同时为顾客提供到位的、贴心的服务,这也是推动成交的关键。

攻心战之顾客心理分析——戒备心

销售成功与否在很大程度上取决于销售员对顾客心理的充分把握。一流的销售高手都是顾客心理分析高手。终端店面销售员热情相迎,而顾客却一言不发,此时,顾客心里在想什么?

没有目标的茫然感

顾客进店时不一定有目标，在没有找到目标之前，顾客还处于寻找状态。如果顾客已经在其他店或网上找到某个系列或型号，当他来到门店时不会一言不发。所以，顾客进店后一言不发，或许还在寻找他心中的目标。销售员不管顾客有没有找到目标，就自行提前介入顾客的思考，开始喋喋不休地介绍产品，往往会被顾客排斥，也会给本次销售埋下失败的伏笔。

陌生环境的不适感

心理学研究表明：任何一个人刚刚进入一个陌生的环境时，都会产生一定的戒备心理，具体表现为不愿意主动回答问题，更不愿意多说话，担心一旦说得太多，容易落入销售员的圈套，上当受骗。

未知行动产生的不安全感

顾客第一次来到门店，第一次接触销售员，接触我们的产品，他不知道销售员接下来会怎么做，所以本能的自我保护。顾客认为销售员一张口或一个眼神就是冲着他口袋里的钱，所以不敢轻易说话。因此销售员要有这样的理念——我们并不是卖产品给顾客，我们是在帮助顾客买产品，努力提高顾客对我们的信任度，以便促成成交。

顾客的护利意识

本质上销售员与顾客在利益上是对立的。销售员多挣一百元，顾客就会多掏一百元。为了在买东西的过程中不被欺骗，维护自己的利益，顾客倾向于保护自己的利益，先看看再说，希望自己掌握主动权。

破冰的前提：照顾对方的心理需求

顾客第一次来门店，第一次接触销售员，对销售员不了解，所以会产生一定的戒备心。如何更好地消除顾客和销售员之间的陌生感，消除顾客的戒备心理？如何酝酿开场氛围？这就如同销售员和顾客之间有一堵冰墙，这时候销售员要想办法消除顾客的戒备心，把这块冰融化，让顾客敞开心扉，与你进行深度互动，从而彼此了解并建立信任。这个过程称为破冰。

销售高手从不急于把自己的产品卖出去。而是想方设法获得顾客的好感与认同，消除顾客的一切疑虑，树立顾客对商品的信心，与顾客建立良好的关系，因为他们懂得，让顾客再次进店才是成功的销售。

○ 案例

销售员："您好，我能为您做点什么呢？"

男顾客："没什么，我随便看看。"

销售员："哦，那您随便转一下，看一看我们店里的矿泉水，我们店的矿泉水是全市品质最好的。夏天来了，您家的自来水供应正常吗？水质如何？"

男顾客："家里水供应很不正常，并且水质也不好。"

销售员："那如果有一种既纯净又有保健功能的饮用水，您的家庭愿意考虑吗？"

男顾客："可以考虑考虑。"

销售员："是这样的，我们店负责每周两次送水上门，经济，也很方便。如果您什么时候需要，打个电话，我们会以最快的速度送到，这样的服务方式您觉得怎么样？"

男顾客："是吗？这么好？那我先定三个月的量试一下吧。"

销售员在销售过程中，不仅要重视销售任务的完成，也应特别重视如何帮助顾客有效解决所遇到的问题。在这个案例中，这位男顾客一开始并没有购买欲望，但是这位销售员有效解决了顾客遇到的问题，并因此与顾客建立了良好的人际关系，让顾客感觉彼此之间并非只是纯粹的利益关系，从而为自己的销售建立了一支长效而又稳定的顾客队伍，不断发展自己的销售业务，提高自己的销售业绩。

很多销售员以为自己的话说出来就有效果，根本不考虑听话者的感受。但是，沟通的关键在于别人愿意听才会有效果，否则就是废话。沟通的效果取决于对方是否用心倾听和采取行动意愿的强弱。你所说的，要让顾客能够接受，要顾及顾客的面子，也就是我们常说的解决事情前要先解决心情。

破冰一式：个性化迎宾

任何一次良好的店面沟通，都是从成功的迎宾破冰开始的。顾客对于店面的印象来自于两个方面：一方面是产品，另一方面则是销售员。顾客对于销售员的印象主要源于沟通的前30秒。店面销售员需要用个性化的开场白，赢得与顾客继续交流的机会。

多年的市场调研经验告诉我，市场上99%的迎宾语都是相同的。当顾客走进店面，销售员都会上前热情相迎："您好，欢迎光临××品牌专卖店……"但在一次调研中，我发现了别具一格的迎宾语。

○ 案例

有一次调研红星·美凯龙家具馆，因为已经走访了几个店面，累得不想再调研了，就打算离开，于是我直接向门口走去。途中经过一家家具店，家具店门口的一位迎宾店员从过道上跳出来，挡住了我的去路。我很惊讶地看了她一眼，那个店员冲我一笑，大声说："欢迎光临红星·美凯龙必进家具店。"

我一愣，以为该店家具的品牌叫必进，可是我看了一眼店名，不叫必进家具。我正困惑时，她接着又说了一次："欢迎光临红星·美凯龙必进的一家家具店。"

我这才恍然大悟，我笑了笑，说："什么叫必进啊，我偏偏不进了。"

她又进一步解释说："先生，您好，我们经过长时间的调研发现，所有来这个卖场的顾客，都会到我们家看看，所以我们自称为'必进'店。"

我说："这样啊，本来我想走的，既然是必进店，那我也进去看看。"

销售工作要有进展，想要达成交易，先要将顾客吸引进店才有机会。这个销售员很好地做到了这一点，所以我对她产生了很大的兴趣。

我问她："你是不是对所有的顾客都用这样的迎宾语？"

她笑着否认，说："当然不是，我看你是不想进来才这么说的，要是你想进来我就不这样说了。"

我说："那是不是你们店里所有的店员，都像你这么说？"

她笑着否认，说："不是，只有我一个人这么说。"

我说："别人不这么说，你为什么这么说。"

她笑着说："呵呵，我是新来的。"在这一瞬间，她把我逗乐了。

面对这样一个自信、热情、风趣的人，我也禁不住开心起来。我想，如果你遇到这样的销售员，一定会和我一样，开心地进店。

在实际销售过程中，很多人接待、沟通都表现得非常专业。专业没有错，但是过度专业就会让销售员失去生活气息，变得不那么平易近人，而生活气息太浓，又会让顾客觉得这个销售员不专业。销售员的最高境界就是专业感和生活气息合二为一。

例如，刚开始，你可以对顾客说："您好，欢迎光临。"接下来，你需要仔细观察。如果顾客衣着朴素、面容沧桑，可能其经济条件一般，你可以接着说："你好，店里有超低价活动，欢迎进来看一看。"如果遇到手上带佛珠的顾客，你可以说："你好，相逢就是缘，错过就是无缘。"也会很吸引人。记住，这个时候最重要的不是你说什么，最重要的是引起对方的好奇。只要顾客开始说话，销售员和顾客之间的冰就开始融化。

这个世界上没有两个完全一样的人，只用一种迎宾语来应对所有的顾客，肯定是不合理的。迎宾的目的是吸引对方的注意、增强好感、扩大进店率，因此要根据不同的对象，甚至是时间变化迎宾语。销售要的是结果，不要形式主义。销售成功的关键之一在于见什么人说什么话，个性化迎宾能够发挥积极的作用。

开场的首选原则

原则一:永远的亲和力。亲和力能让人第一眼就产生喜欢的感觉,从而敞开心扉,更容易接受你的建议和指导。

原则二:语言表达要清晰、流畅。如果一个销售员连话都说不清楚,顾客肯定会掉头离开。

原则三:利用顾客的兴趣与好奇心。互动式的新鲜话题,能激发顾客的好奇心,从而赢得良好的开场。

绝对吸引人的开场技巧

技巧一:"卖点"透露法。人们对造型奇特,功能新颖的产品有着本能的好奇,独特卖点的透露能激发顾客进一步了解的欲望。

技巧二:反客为主提问法。店员运用这种方法时一定要注意态度,一定要以亲切、微笑、半开玩笑的方式进行。如,"您好,转半天了吧,还没找到合适的吧?""您好,您知道选购……的几大标准吗?来,请进我们店,我可以给您介绍一下。"

技巧三:打消顾虑法。直接说出顾客的疑虑,吸引顾客进店。如,"您好,买不买没关系,看看有没有合适的。"

参考话术

"欢迎光临××,二位今天是不是转很久了,可以先坐下喝杯茶。"

"您好,欢迎光临,今天我们正在做店庆促销,两位不要错过机会啊,进来看看吧。"

"您好,我们店有市场上最环保的、最……的产品,买不买没关系,进来看一下吧。"

"您好,还没有选到合适的吧,没准我们店有合适您的,进来看一看吧。"

"您好,我们的产品是××明星最喜欢的产品,您一定要了解一下。"

"您好,是不是转了一会儿啦?请进我们店,买不买没关系的。"

"欢迎光临,我们店是××卖场最受顾客青睐的十佳店之一,请进来看一下吧。"

"您好，更多惊喜，更多优惠就在……欢迎光临。"
"您好，××专卖店将给您一流的服务，欢迎光临。"
"您好，欢迎光临装修必须了解的××品牌专卖店。"

破冰二式：同理心关怀

所谓同理心关怀，是指销售员首先表示对顾客的需求和产品选择的关心，体会顾客选购产品时的心理状态和困难，在获得对方的认同和好感后，再展开销售沟通工作，为销售酝酿良好的氛围。

接待顾客时，先不说自己的产品有多好，而是从心理的角度和情感的角度寻找共同的话题，照顾对方的情感需求。同理心关怀的本质是：解决事情前一定要先解决心情。

○ 案例

某顾客非常想买卫浴的五金配件，但目前这个配件已经缺货，以下为销售员和顾客的两组对话。

情景1：
顾客："我想今天就买到那个配件。"
销售员："对不起，没货了，星期二才会有这个配件。"
顾客："我很急，我今天就需要它。"
销售员："对不起，我刚才查了一下电脑，库存里真的已经没货了。"
顾客："我今天就要它。"
销售员："您看，您星期二的时候再来，我一定帮您找一个，如何？"

第十一章 · 智慧销售一式：破冰
悄然无声，顾客心门自然开

情景2：

顾客："我想今天就买到那个配件。"

销售员："对不起，星期二我们才会有这个配件，您觉得星期二来得及吗？"

顾客："星期二太迟了，我这几天怎么用啊？"

销售员："真对不起，我们的库存里已经没货了，但我可以打电话问一下其他的维修处，麻烦您等一下好吗？"

顾客："嗯，没问题。"

销售员："真不好意思，别的地方也没有了。我去申请一下，安排一个维修工跟您到家里检查一下，看看有没有别的解决办法，好吗？"

顾客："也好，麻烦你了。"

分析以是两个情景可以发现：第一个对话情景中的销售员一直在反复道歉，也明确告知了原因，同时提出了解决方案，让顾客下次来拿，但是顾客是不会满意这样的解决方案的，不过值得肯定的是他态度诚恳，并且解释了原因；第二个销售对话情景中的销售员换位思考、同理心关怀，让顾客感觉更舒服，并尽可能地提供多个方案帮助顾客解决问题，回答时的用语充分照顾到了顾客的感受，而不是一味地强调规定和理由，兼顾到了对方的心理感受。

当一个人执着于某一观念时，时间长了他就会对这种观念深信不疑。而观念一旦变成了信念，你会发现改变一个人的信念很难。观念可以改变，但信念几乎无法改变。

销售员要学会从顾客的内心入手，学会动脑筋，用心去做事，了解对方做出某一行为的根本原因，这才是重中之重。有时候换一种说法，你的局面就为之改变。

参考话术

"您好，这么热的天气，您逛卖场一定累了，我给您倒杯水吧。"

"购物有时候是件麻烦的事情，多选择、多比较非常重要。不管多少钱，花的也是咱的辛苦钱。"

"是不是转了很久,觉得都差不多,不太好选吧。"

"我们这类产品都是耐用品,选一个自己喜欢的非常重要,您说呢?"

破冰三式:特定问题

破冰的方式有很多,关键就在于对它的掌握程度以及根据不同的对象做出个性化的应对。做销售的过程就是不断运用销售语言的过程。当然,这种语言怎么运用,依赖于销售员对顾客及其需求的判断、对销售技巧的判断以及对产品知识的掌握。

所谓特定问题,是一种特殊的封闭式提问,是对方不用思考就会下意识回答的问题。这种问题即使对方口头上不回答,也会在心里回答,且其答案一定是肯定的。

提问是一种必须掌握的有效销售武器

对店面销售员来说,提问是一种必须掌握的有效销售武器。可以说,不会提问的店面销售员肯定是不合格的店面销售员。首先要善于提问,如果只是一味地向顾客推销就会抑制顾客的购买欲望,即使再好的产品也无人问津。其次问题要提得好,提到点子上,不能对所有的顾客一概而论,也不能忽视顾客当时的情绪,劈头就问,那样,就会导致顾客的反感,使其根本不愿意和你交谈下去。

提问的目的是探求顾客的真实需求

店员向顾客提问,其目的无外乎是为了更多地了解顾客,探究顾客内心最真实的想法和购买需求。只有找到顾客最关心的话题,才能有效地开展下一步工作。如何让顾客说出内心的真实需求呢?一方面依靠销售员的询问技巧,另一方面,需要设计有质量的提问。每一次提问都要清楚你希望得到怎样的答案和结果,这样才能在沟通中主导整个销售过程。

对提问的内容进行分类

试探顾客的需求通常运用提问的方式。试探性提问在店面销售的每个阶段都要用到,也是销售员运用得最多的方式之一。根据试探的内容可将试探性提问分为两类:

舒适性试探。在沟通初期,店员需要针对顾客感觉比较舒服的内容进行开放式的提问,从而使顾客主动传递相关信息。

敏感区试探。在沟通的中后期,店员需要针对顾客存在的问题,或者是顾客比较在意的问题进行有针对性的提问。

提前准备好合适的提问方式

提问看似简单,但是想要灵活运用并不容易,店面销售员必须每天不断地演练。在此提供几种重要的提问方式:

1.主动式提问

主动提问顾客,即销售员直接把心中的判断说出来,让顾客直接回答。这种提问方式,能使顾客直接说出内心的想法,因此店员很容易了解顾客的需求和情况。但是这种提问方式只适用于比较配合,沟通比较顺畅的顾客。如:

"您好,您认为什么样的涂料是理想的涂料呢?"

"您好,家里装修了吗?到什么程度了?"

"您好,打算铺瓷砖还是木地板呢?"

"您好,是不是觉得价格还有点高?"

"您好,今天能定下来吗?"

"您好,平时喜欢穿什么风格的衣服呢?"

"您好,想过买什么样的手机吗?"

2.选择性提问

选择性提问是店面销售中常用的一种方式,它能限定顾客的思路和选择空间,从而让顾客在你定好的范围内进行思考和判断。这一提问方式强调销售员为主导掌控整个销售流程。如:

"您是打算自己用,还是家人用,还是送人呢?"

"你是打算购买抛光砖还是哑光砖呢?"

"您是打算用在厨房还是卫生间呢？"

"您是打算什么时候穿呢，商务场合还是休闲场合？"

3．建议式提问

建议式提问对那些拿不定主意的顾客非常有效。销售员可以主动向顾客说明产品的优点，同时让顾客认为你的建议是正确的，这样顾客才会迅速做出决定。如：

"您看，您家里有小孩子，对环保的要求就更高了，我们家的家具符合高标准的环保要求，这样对健康不会产生危害，您说呢？"

"您看，我们买木门，品牌固然重要，但是质量才是最根本的，我们家的产品质量是非常有保障的，省得您日后劳心，您说呢？"

4．诱导式提问

销售员跟随顾客的思路，诱导得出结果，但这个结果是销售员期望的。如：

顾客："有没有3000元左右的？"

销售员："如果我们有3000元左右的，您是不是肯定能买？"

顾客："你能不能提供送货以及安装服务？"

销售员："如果我们能提供送货以及安装服务，您现在能决定吗？"

顾客："如果我现在能决定，你能下周一送货安装吗？"

销售员："如果我能保证下周一送货安装，我们现在是不是可以签订合同？"

○ 案例

提问技巧是终端销售员必备的销售技巧。多年来不断的驻店调研和销售指导的经历，让我发现了这一技巧在实际运用中的很多问题。

情境一：

冷清的瓷砖专卖店里，销售员正站在店门口，这时进来一位女士。

销售员非常热情地迎接道："欢迎光临××瓷砖专卖店！您好，今天过来看看瓷砖？来，这边请，我们店所有的款式都在这边，今天想买哪种风格的瓷砖？"

顾客一脸茫然，嘴里轻声咕噜着："瓷砖都有哪些风格啊。"

> 脱口而出,自我设限,一下子将顾客给问懵了,反思一下,我们是不是也犯过这样的错误呢?

情境二:

冷清的瓷砖专卖店里,销售员正站在店门口,这时进来一位女士。

销售员非常热情地迎接道:"欢迎光临××瓷砖专卖店!您好,今天过来转一转?来,这边请,这些瓷砖都是我们店的最新款式,您想进一步了解的话我可以给您介绍一下?"

顾客默不作声。

> 典型的现象,店面销售员非常热情,但是热脸贴在冷屁股上,往往很多销售员立刻信心大减,不知所措。

顾客继续往里走,突然在一款瓷砖前停了下来,用手抚摸瓷砖光滑的表面。看到顾客的动作,销售员好像发现了什么。

销售员:"大姐,您是想买点抛光砖吧?您看的这一款,是我们最新研发出来的抛光通体砖,它比一般的砖亮度要亮20度呢,您看砖的表面,通体透亮,光照逼人,玉质感强,很显档次的。"

> 销售员具有一双慧眼,能发现顾客隐藏于内心的细微变化,于是立刻判断出顾客心中所想。但是仅仅具有一双慧眼是远远不够的。

顾客一脸苦笑道："我再看看吧。"

就这样，顾客转身离开了门店。销售员傻傻地站在店里，看着顾客离开，一脸茫然。

情境三：

冷清的瓷砖专卖店里，销售员正站在店门口，这时进来一位女士。

销售员非常热情地迎接道："欢迎光临××瓷砖专卖店！您好，今天过来看看瓷砖？来，这边请，看看我们瓷砖铺出来的效果。"

顾客默不作声，但是在销售员的引导下往里走，突然在一款瓷砖前停了下来，用手抚摸瓷砖光滑的表面。

销售员看到顾客的动作，微笑一下，说道："大姐，这是抛光砖，一般铺在客厅比较好。"

顾客又往前走了几步，来到仿古砖前，用手摸仿古砖。此时，销售员说道："这块是哑光仿古砖，哑光仿古砖追求自然'真'色，艺术性强，强调感觉。"

顾客听完，又用手去摸仿古砖，更感兴趣，凑近看，微微点头，销售员也看到了这一细节，并对顾客说："大姐，您看我们这款哑光仿古砖，图案风格来自……"

> 相似的情形，类似的语言，几乎同样的错误。

顾客静静地听，若有所思地说："我再看看吧。"随后转身离开了门店。

销售员看着顾客离开，一脸茫然。喊道："别走啊，您不是喜欢仿古砖吗？"

情境四：

冷清的瓷砖专卖店里，销售员正站在店门口，这时进来一位女士。

销售员非常热情地迎接道："欢迎光临××瓷砖专卖店！您好，

第十一章・智慧销售一式：破冰
悄然无声，顾客心门自然开

大姐，今天过来看看？来，这边请，这些都是我们店的各款瓷砖，您可以看看有没有中意的。"

顾客默不作声，但是在销售员的引导下往里走，突然在一款瓷砖前停了下来。

销售员："大姐，瓷砖打算铺在哪个地方？"

> 开放式提问，干脆利落，直接了解顾客的真实需求，若遇到心直口快的顾客，就会立刻说出自己的想法。

顾客："我随便看看，了解一下。"这时，顾客走上前，用手抚摸一块抛光砖光滑的表面。

销售员看到顾客的动作，微笑一下，说："大姐，您可以用手感觉一下，您看您是喜欢光滑一点的抛光砖还是喜欢有质感一点的哑光仿古瓷砖？"

> 既然是开放式问题，没有结果，那就再来一个选择问题。一般人都喜欢做选择题，因为很容易做出选择。

顾客："质感一点的好。"

销售员："来，大姐，这边请，这些是表面质感一点的哑光仿古砖。很多人喜欢买光滑一点的抛光砖，觉得容易打扫，您怎么会喜欢质感一点的仿古砖呢。"

> 记住，问顾客为什么永远比问顾客要什么更有价值，因为一个是结果，而另一个是原因，对店面销售而言，了解顾客的动机才是最可靠的。

顾客笑笑说："其实我觉得光面的也挺好的，不过现在装修的房子，是准备给爸妈退休后住的，老人嘛，上了年纪，太光滑容易滑倒，不安全。"

销售员："这么为父母着想，大姐您真孝顺啊。您看看这款哑光仿古砖，本身非常防滑，而且非常有艺术感，装在家里也非常漂亮。大姐，这款瓷砖价格也是市场中比较合适的。"

顾客："呵呵，你还真能说，这款是不错，价钱还可以。"

销售员："那今天就定下来吧，来，这边坐，我帮您算一下家里需要多少平方米……"

通过以上四个情景可以看出：成功的店面销售人员在向顾客提问时总是带有针对性和系统性，先弄清楚顾客的需求，再利用产品做好铺垫，引起顾客的兴趣，之后再向顾客提问，逐步有目的的向顾客传达产品的相关信息，从而有效地主导、控制销售局面，实现成交就是很自然的事情了。

参考话术

"您是不是觉得几家产品看起来都差不多？"
"是不是这款产品还有些地方不符合您的需求呢？"
"您是不是觉得我们家的产品价格偏高一点？"
"在刚才我给您介绍的几款产品中，您更喜欢哪一款？"
"是不是这款产品放在您家里会更加合适呢？"
"除了您刚才所说的两点，对这款产品还有其他疑虑吗？"

"您之前听过这个牌子吗?"

"您看了多少家了?是不是挺难选择的?"

"您看,我们这几天正好在促销打折,现在购买能享受平时没有的折扣,非常划算,这个时候购买不是更好吗?"

"我看您好像有些疑虑,是哪个地方还不太满意呢?"

"您可以想想,为什么我们的品牌能持续好几年在行业里排名前三?"

破冰四式:自我解嘲

自我解嘲就是在与顾客的交流过程中适当加入一些嘲笑自我的小笑话,缓和气氛,缓解顾客的紧张情绪,同时还能传递自己的良好心态,获得顾客的好感,打破坚冰。

自我解嘲是化解危机的法宝

面对咄咄逼人的顾客,如果销售员也针尖对麦芒,那肯定是两败俱伤,顾客也不会选择你销售的产品。而自我解嘲法在面对这样的顾客时,能缓和气氛,彰显销售员的大度与从容。自我解嘲法摒弃了晦涩乏味的说理、苍白无力的辩解,用诙谐、生动、谦逊的语言打动顾客,从而使你成为受欢迎的销售员。

店面销售情况瞬息万变,销售员每天都会遇到各种类型的顾客。有精明的、宽容的、平和的,也有急躁的。当店面销售员面对尴尬的情形时,最好的办法就是自我解嘲。而做到自我解嘲需要足够的自信、宽大的胸怀、智慧的思维和高超的语言技巧。可以说,掌握了自我解嘲的语言技巧,就掌握了化解危机的法宝。

自谦是自我解嘲的基础

自我解嘲以自谦为基础,但是自谦不等于自贬,也不能没有限度。顾客说你不行,如果你真的承认了,那就是没有掌握好自谦的技巧。因此,运用自我解嘲的技巧，最重要的就是掌握好分寸。当然是否掌握好分寸，是无法进行标准化定义的，销售员只能根据现场情况，灵活掌握。

○ 案例

一位穿着讲究、挎着小挎包、30多岁的女性顾客走进了一家家具店。

销售员："欢迎光临××家具！请问女士，今天过来看看家具？"

顾客："女士？还没人这样叫我呢。"

销售员："呵呵，小姐年轻漂亮，叫您小妹吧，怕占你便宜啊。"

> 面对尴尬，运用自我解嘲解困，轻松化解。说明这位销售员具有良好的心态和灵活的思维。

顾客微笑一下，往里走，在一款衣柜前停了下来。

销售员走上前说："小姐，您是需要买衣柜吗？您真有眼光！您现在看到的这一款衣柜是非常经典的款式，非常受欢迎，要不我给您详细介绍一下？"

顾客："你不用介绍了，家具我了解一些，我好多朋友都是做你们这行的。"

销售员："哦，看来我是关公门前耍大刀了，您是专业人士，我要多向您请教啊。"

> 嘲弄自己，抬举对方，既是高明的自我解嘲的运用，又是高超的赞美顾客的技巧。

第十一章·智慧销售一式：破冰
悄然无声，顾客心门自然开

顾客："呵呵，专业说不上啊，了解一些，这款式还在卖呢，有段时间了吧？"

销售员："嗯，这确实是一款非常经典的产品，虽然不是新款，但是有古朴的感觉，很多人挺喜欢的。"

顾客："那倒是，你们这里有什么新款吗？"

销售员："有的，在这边，我带您过去看看。小姐您看，这就是我们今年的新款家具，用的是今年最流行的设计元素。"

顾客："嗯，我找的就是这种感觉，看来你们设计师还是有点儿时尚头脑的。"

销售员："谢谢您这么喜欢它，好产品常有，但是能欣赏它的人却不常有啊！"

顾客："你真能说啊！"

销售员："没办法啊，靠嘴吃饭，我也想像您一样不用每天站在店里腰酸背痛的，不过我没您的命好啊！"

> 质疑就是顾客射出的箭，不能不应战，但也不能正面迎战。自我解嘲的口才运用正好以软化硬，巧妙地隐藏了自己，又让顾客的自尊心得到极大的满足。

顾客："各行有各行的难处，你这工作挺好的。这套衣柜什么价钱？"

销售员："这是四门的，全套下来 8600 元。"

顾客："不便宜啊？现在什么东西都贵。"

销售员："嗯，是这样的，现在除了工资不涨外，什么东西都在涨价，对了，还有这款衣柜也没涨。"

顾客："什么意思啊？"

销售员："其实，您现在看好的这款衣柜，我们一年都没调价了，您也知道，成本涨得太快，其他产品都调价了。"

顾客："不错，哪这套有打折吗？"

销售员："不好意思，小姐，这款产品价格已经很低了，不过，我可以赠送您一套靠垫作为礼品。虽说，靠垫不是什么非常贵重的东西，那也是我们对顾客的诚意嘛。"

顾客："靠垫能挑吗？"

销售员："能，我给您开票吧？"

通过这个案例，我们不难发现，自我解嘲是在与顾客交流的过程中适当加入一些嘲笑自我的小笑话，调节氛围，放松顾客心情，同时还能传递自己良好的心态，获得对方的好感。

微笑是两个人之间最短的距离

顾客去卖场买东西，是去花钱的。平时工作挺累，好不容易挣点钱，能花钱了，销售员却把与顾客之间的关系搞得像"阶级斗争"一样，那么，谁愿意在你那里消费呢？你得让顾客享受到花钱的快乐。如果销售员的心情不好，顾客本能的反应就是赶快逃离，所以有时候开开玩笑是能够调节气氛、化解尴尬、拉近距离的。

笑的本质是开心，每个人都在追求开心的生活。有时候开开玩笑对销售工作有直接地帮助。会心一笑，可以消除心与心之间的戒备，可以化解人与人之间的隔阂。偶尔的幽默能拉近顾客与销售员之间的距离，让购物的过程充满了乐趣，从而提高成交概率。

○ 案例

我在调研的时候走进一家家具店，一个销售员接待了我。我们聊了将近四十分钟，我了解到他们的产品最低打八折。

四十分钟之后，我想跟那个销售员开个玩笑。于是，我就说："你们的产品挺好的，我也挺喜欢的。"我把钱包掏出来接着说："这样吧，要是一折的话，今天我就买了。"

我本来以为这个销售员会很生气,我甚至做好了被轰走的准备。没想到的是那个销售员看着我笑了笑,说:"哎,先生您也太会砍价了吧。人家砍价用水果刀砍,您怎么一上来就提个斧头呀,那我怎么受得了。"

这一句话就把我逗得合不拢嘴,我笑着说:"我是跟你开玩笑的。"

销售员也笑了,说:"先生,我看出来了,我也是跟您开玩笑的。"

对于这家店的产品,我实在是没有需求,如果有,我一定会与这个销售员签单。因为当产品同质化时,我更喜欢和那些活泼的、风趣的销售员打交道。

在与顾客交流的过程中,轻松幽默的方式会感染对方。经常来点幽默,嘲笑一下自己吧。一个敢和自己开玩笑,敢嘲笑自己的人一定是一个心态很好的人,是一个非常自信的人。

参考话术

"先生,是不是我长得有点吓人,搞得你不敢和我说话呢?呵呵。"

"先生,看来你沉默是金,我爱说话,嘴巴不值钱啊。"

"先生,看来是我自作多情了,不过我看你还真是挺顺眼的。"

"不好意思,您看我见到您这一激动,说着说着跑偏了……"

"哎,先生,我胆子小,看见生人就脑子一片空白,你不说话,我就更紧张了。"

★ 天墨点评

请记住破冰的真理:只要对方一开口说话,这冰就开始融化了!

实战基本功——口才即成交

一个一流的销售员一定是语言能力极强的人。同一句话,在不同的时间、不同的地点、面对不同的对象，产生的效果可能完全不同。所以，销售员在与顾客说话时，一定要审时度势，要有目的。

没有经过长时间的专业训练，凭本能说出来的话是从自己的角度出发的。人性本来是自私的，但是，作为一名销售员，要超越本性，学着从顾客的角度看待问题。

○ 案例

有一次我在北京拉斐特庄园给老板们讲课。中场休息时，我去了洗手间，刚走到洗手池旁边，一个老板从里面出来，看见我就说："哟，天墨老师，你也来上厕所？"

听完这话我真是哭笑不得，我不能上厕所吗？我不是人吗？但是，我也知道，这个老板只是想跟我打一个招呼。但这话说得也让人难受，他根本没考虑听话者的心态。

还有一次，我给云南某著名陶瓷企业的员工讲课，地点安排在昆明市郊的一个度假村。

到了度假村，我发现这儿的工作人员年龄几乎都在五六十岁，为什么不是年轻的服务员呢？度假村的经理告诉我，千万不要小看他们，他们都是附近的村民，家家户户资产都在百万以上。

说实话，我只听说过江浙一带、广东福建一带的人有钱，没听说过云南昆明一带的人有钱。度假村的经理告诉我，旁边有个村子，村民都是这里的工作人员。随着城市的发展，这些村民发现了一个方法——卖地。一亩地几十万元，每个人有几十亩地，卖了地不就是百万富翁了。卖了地以后，他们发现也不能坐吃山空，于是就凑钱开了个度假村，村民就在这个度假村里从事第三产业。但是我还是留了个疑问在心中，他们以前是种地的，现在搞服务，他们的服务专业吗？毕竟服务工作与他们以前的工作差别很大。

度假村里基本上都吃自助餐，我因为不爱吃肉，爱吃鱼，第一天吃饭的时候就盛了点清蒸鲈鱼，结果一吃差点没吐出来，特别浓的土腥味。于是，我联想到滇池，不会是从变绿了的滇池里捞出来的鱼吧，瞬间食不知味。

因此，第二天我决定只吃蔬菜。云南这地方，山清水秀的，绿色蔬菜肯定不错，于是就盛了一大盘蔬菜，吃得正欢。这时有个女学员过来问我边上有没有人，想坐我边上的空位。我说："为什么不坐呢，反正空着也是空着。"于是那个学员笑着说："那麻烦胡老师帮我看看包，我去打饭，马上回来。"然后她就去盛菜了，结果端着整整一盘肉回来，和我形成了鲜明的对比，我心想，莫非是我看到无肉不欢的"肉食动物"了？

于是我一边高兴地吃着蔬菜一边问她："为什么不吃蔬菜啊，你看这蔬菜多好啊。"

她看着我很认真地说："胡老师，我一样很喜欢吃蔬菜啊，不过我怕他们洗得不干净。"

胡老师愣住了，瞬间没了食欲，可口的蔬菜味道也变得奇怪了，心里想刚才不会吃了很多虫子吧！算了，我也不吃了。

于是，我就去外面盛了点别的苦瓜、南瓜、黄瓜之类的菜。我想这个好洗一点，应该能洗干净。我坐下来重新开始吃。那个学员看着我说："胡老师，讲课挺累人的，你爱吃就多吃点，这样才有力气，一会儿还要讲课呢。"

听她这么一说，我都崩溃了。可是看到那个学员一脸的真诚，她不过是想到什么就说什么而已，我也不好生气。但是，这位学员确实没有为我考虑，一想到她说"蔬菜可能会洗得不干净"，我就吃不下了。

讲完课，晚上回到房间，想到我吃了很多可能没洗干净的、有虫子的蔬菜，我的肚子就隐隐作痛，但是，第二天起来又没事儿了，看来这只是心理作用而已。

销售员说话的时候要学会站在顾客的角度思考问题，这样才能拉近与顾客的距离。当顾客觉得你的话听起来很舒服，对你没有了隔阂与防备心理，这就是成交的最好时机。

★ **天墨点评**

提升销售口才的方法：

大量阅读和记忆：让肚子里有货；

精心策划和准备：世上无难事，只怕有心人；

大量训练：熟能生巧，勤能补拙；

换位思考：站在对方的角度进行沟通。

第十二章 智慧销售二式：赢信任
展现魅力，心悦诚服听你说

参考销售场景

销售员说得信誓旦旦，顾客总是有点顾虑，犹豫不决，不做表示。

场景分析：顾客真正买的是什么

顾客真正买的是什么？是产品？是品牌？还是服务？其实都是错的，我们先来看一个案例。

有一次我给老板们培训，午餐时，坐在我右边的是一位王总，听说他资产好几个亿。当我吃得正欢时，王总突然有一个奇怪的动作——举起了左手晃了一下。当时，我的注意力全在桌上的川菜上，没有在意这件事情。过了一会儿，王总又重复了刚才那个动作，我愣了一下，心想吃饭就吃饭吧，老是甩手干吗呀？但我还是看了一眼王总的左手。这一看，我就知道原因了。原来在王总的左手上戴了一个崭新的世界名表，我一看标志——百达翡丽。过去我们一提到世界名表，就会想到劳力士。随着国门的开放以及中国经济的发展，中国人出国的机会越来越多，才发现原来世界顶级名表其实是百达翡丽。

王总甩手是什么意思？是给谁看？他一边吃一边甩着，心里估计直念叨着："胡老师，快看一眼，胡老师，快说句话呀。"

遇到这种情况大部分人会怎么说呢？估计有人会这样说：

"哎哟，王总，你戴的这块手表真漂亮，我都想打劫你。"

"王总，您真的很有品位。"

"王总,您戴的这块手表跟您的身份、地位真的很匹配,真的太漂亮了。"

那时我也特别想说这样的话,但当我将这些话快速在脑海里过一遍时,我又觉得这样的话力度不够。于是,当王总第三次甩手并且又看了我一眼的时候,我故作惊喜地用手指着他的手表说:"王总,新款的百达翡丽。"

> 说什么都不如直接说出百达翡丽这四个字,因为百达翡丽这四个字本身就代表着身份、代表着成功、代表着感觉、代表着财富。最关键的是,认识百达翡丽品牌的人并不多,于是出现那个老板晃了半天,竟然没有人认出来的情况。你说他孤单不孤单,寂寞不寂寞。

想象一下,当我一眼认出那块表的时候,那位王总是不是犹如在茫茫黑夜中找到了知音。如果我仅仅说:"王总,你的表好漂亮啊!"这么说,王总听了觉得也就那么回事。而我不仅指出了品牌,还指出是最新款的,说明我也特别喜欢,代表着英雄所见略同。

果不其然,我说完这一句话,效果特别好。王总看着我笑了笑说:"哎,没什么,没什么,前天下午刚买的。"

> "前天下午买的",说明买来的时间不长,还属于自我亢奋期。

问题又来了,王总说完后还用渴望的眼神看着我,我就知道仅仅说一句话还不够,人家还等着第二句话呢。可是说什么,我想来想去,最后觉得还是应该往钱上说。因为这个社会钱已经成为衡量成功的主要标准,所以我又说:"花了不少钱吧?"

王总说:"呵呵,没多少钱,没多少钱,也就是69万而已。"

花69万元买一块表戴在手上,感觉怎么样?肯定不一样。

通过以上这件事我们不难看出,顾客买商品,真正买的是商品带给他的感觉。这个感觉包括身份的象征、成功的象征、社会地位的象征等等。如果仅仅为了看时间,根本没有必要买这么贵的手表。

结论

顾客真正买的是墙上那个洞,还是打那个洞的钻头?如果还有一个工具,能够更省钱、更简单、更轻松地在墙上打洞,顾客还要不要我们的钻头?女士去买化妆品,她买的只是化妆品本身吗?其实她真正买的是漂亮、自信以及别人对她的关注。

顾客真正买的是产品带给他的好处和利益,而所有的产品不过是好处和利益的载体。正确认识顾客真正买的是什么,能让销售员更准确地掌握顾客的购物需求。

攻心战之顾客心理分析——怀疑心

顾客决定买你的东西往往需要很长时间,但是决定不买你的东西只需30秒就够了。在以上的销售场景中,顾客会有什么样的心理活动呢?此时此刻,顾客的主要心理活动是怀疑心。

怀疑心产生的诱因

1. 社会环境

中国经济快速发展,但在快速发展中也出现了一些不良的社会现象。我们经历了三聚氰胺奶粉、苏丹红鸡蛋、地沟油、瘦肉精等很多严重的事件,人们对很多事情首先选择怀疑。

2．过去的经历

"常在河边走，哪有不湿鞋。"在快速变化的社会中，很多人可能受过不法商人的伤害或欺骗，正所谓"一朝被蛇咬，十年怕井绳"，现在买东西必须要小心谨慎了。

3．对立的立场

由于顾客和销售员在利益上的根本对立，顾客很难彻底相信销售员，这决定了顾客在购物过程中的行为和方式。

4．空白的知识点

如今新产品层出不穷，顾客可能对该类产品没有概念，没有相关的知识储备，因而不知道从何看起，只能先了解一下，因而不做任何表示。

怀疑心产生的根源在于害怕失去

怀疑的心理往往是人们害怕得不到美好的结果，或者担心在突然间会失去已有的欢乐而产生的。谁都害怕失去生命、健康、朋友、金钱、工作、自由、生活安定以及他们所珍视的一切，而得不到他们渴望的东西和失去它们一样，都会给人们造成痛苦。正像一些老年人用辛辛苦苦挣来的钱购买高级营养保健品一样，他们不过是想用金钱来换取健康罢了。还有一些年轻的女士，她们购买高级美容化妆品，其目的除了追求美以外，在一定程度上也是为了留住即将逝去的青春。

人的心理活动复杂，各种心理互相影响。谨慎和渴望安全的心理实际上是由恐惧心理派生而来的。人们进行储蓄，参加各种社会保险，无非是想使自己的生活有所保障，或在困难时得到帮助。另外，我们在住宅上锁、安装防盗系统，都是人们认识到如果没有这些，可能会产生严重的后果，所以宁愿在这方面花钱。

说大实话消除顾客怀疑心

在销售过程中，顾客对销售员大多存有一种不信任的心理，他们认为从销售员那里获得的有关商品的各种信息，往往不同程度地包含着一些虚假成分,甚至还会存在欺诈行为。比如在保险业就存在这种现象,很多消费者一听是保险人员,第一反应就是假的、骗人的。很多顾客在与销售员交谈的过程中,认为销售员的话可听可不听,往往不太在意,甚至抱着逆反心理与销售员进行争辩。

消除顾客购物时的怀疑心,关键在于让对方相信你。从销售沟通的角度如何说才能让顾客相信你呢?诀窍就在于与顾客接触时的前五六句话你要说大实话、心里话,让对方觉得完全正确的话,哪怕说的话比较敏感都无妨。

○ 案例

顾客:"你们的行业是暴利。"

面对这样的顾客,销售员应该这样说:"先生(女士),您这都看出来了,其实我们这个行业在多年以前的确就是暴利。哪个行业都会有企业在某个阶段赚暴利的,也有最后会倒闭的。您看我们行业现在竞争这么激烈,能不亏本就不错了,我们现在赚的都是辛苦钱、血汗钱,只有一两件新品利润高一点点。您刚刚看的那件产品,真赚不到什么钱。要不您帮帮我,就买我们的最新款,让我多赚点吧。"

说到这儿,顾客可能就被你逗笑了。解释之余想要获得顾客的理解和认同,最重要的是获得了顾客的信任。

顾客不信任等于丢单

销售中最常见的事就是丢单,几乎所有的销售员都丢过单。如果有人告诉你他从来不丢单,那只能说明他放弃了太多该拿的单子,只做那些非常有把握的项目。对于这种销售员,老板可以直接让他回家了,因为他浪费了公司大量的顾客资源。

总结丢单(也包括单子停滞不前)的原因,除了竞争对手的原因外,不外乎如表12-1所示的几种。

表 12-1　丢单的原因

没有找到顾客的需求点	顾客认为，他的潜在需求与你的产品或服务之间没有明显的契合点，不合适当然不买
没有钱买	有的顾客是真的没钱，不过不是所有以此为由的顾客都没有钱，有些顾客只是预算不够，不想买高价的，就说没钱买
没有找到利益和好处	顾客对购买我们的产品所带给他的利益和好处没有什么欲望，买不买都无所谓
时机不对，现在不想买	在现在这个特定的时间，没有这样的急迫性，以后再说
不相信，没有信任感	顾客不相信销售员会关心他的利益。统计显示，因为顾客没有信任感而导致的丢单，比上述 4 种原因所导致的丢单的总和还要多

在销售过程中如何迅速、有效地消除顾客的顾虑，对销售员来说非常重要。如果不能从根本上消除顾客的顾虑，交易就很难成功。

顾客为什么不信任你

1. 太过强势

几乎每个品牌都强调销售员要有狼性，要不遗余力地拿下订单，不管顾客乐不乐意，都要以坚忍不拔的毅力去推销自己的东西，一次不行两次，两次不行三次，只要不被顾客"打"成半身不遂，就一定要去。在这种观念的引导下，很多销售员在与顾客沟通时表现得太强势，反而加速了顾客的逃离。

2. 不够真诚

所谓真诚就是客观、真实，敢于负责任。销售员犯得最多的错误，就是一天到晚想着把自己的东西卖出去，因而夸大宣传，脱离实际，让顾客难以相信。如果你只想着你的产品，只想着掏出对方口袋里的钱，顾客马上就会怀疑你的真诚，此时顾客就会离你而去。

3. 急于告诉顾客"这都是你要的"

顾客想不想要是顾客说了算，不是销售员说了算。你需要什么不重要，重要的是顾客需要什么。如果你没有把你的产品功能和顾客的需求建立链接，一味地自说自话，顾客会认为你说这么多只是想卖东西给他，而不是想帮助他。

4.不注重倾听与询问

很多人认为销售员没有拿到订单是缺乏激情所致。其实,真正的原因在于销售员认为自己已经熟悉了所卖的产品,了解了顾客的需求,明白了这个行业,于是,他不再注意倾听和询问了。而顾客的需求是五花八门的,你几乎猜不到,即使你真的猜到了,如果你不倾听和询问,顾客仍然认为你不关心他。

5.专业性不够

这里所说的专业性,不是指你的技术能力,而是指你对业务的熟悉程度。如果你是卖阀门的,你必须明白顾客怎样使用你的阀门以及你的阀门对他的企业和个人的意义所在。如果你不专业,顾客就会认为你是个外行,因此很难信任你。

此外,造成顾客不信任的原因还有很多,比如:顾客认为你在夸大产品的功能;你太随便,不能托付生意;你很讨厌,像个骗子;等等。

专业形象提升顾客信任度

人们常说"人不可貌相,海水不可斗量",实际上你周围绝大多数人没时间研究你的"海"有多深,顾客在与你短暂的接触中,便按下了你专业形象无声的"快门"。良好的专业形象不仅能提高你的自信心,还能提升个人的品牌价值,增强顾客对你的信任度。

那么,如何提升专业形象呢,我给大家支几招:

良好的谈吐

作为一个销售员,更多的时候是在与顾客沟通。一个销售员如果谈吐得体,业务肯定做得风生水起。可以说口才是成为一名成功销售员的关键因素,成功的销售员必须具备出色的口才。有的销售员去小区进行推广,见了顾客的第一句话便是:"你们这个小区真是脏乱差啊!"这些脱口而出的话语里包含批评、不屑。试想这样的谈吐,能够赢得顾客吗?

塑造得体的仪表

日本销售界流传着这样一句话：要成为一流的销售员，先从仪表修饰做起。当销售员面对陌生人时，对方总是先通过你的仪表来判断你这个人，换言之，外在形象关系到你留给别人的第一印象。作为一名销售员，如果你的仪表过不了顾客这一关，那么顾客就已经对你和你将要销售的产品失去了兴趣。顾客会想：这么差劲的销售员，卖的产品肯定也不怎么样。因此，销售高手都非常注意自己的仪表，希望能够给顾客留下良好的第一印象。

着装其实很重要

一位销售专家说过："懂得形象包装，给人良好的第一印象者，将是永远的赢家。"因此，包装是有价值的。

着装就是包装的重要组成部分，也是第一印象的重要组成部分，因此销售员必须注意穿着。干净整洁，搭配得体，适合自己，并与销售对象、场合和谐的着装，才会给顾客留下美好的第一印象。同时，这样的着装也令自己感觉舒适，信心倍增，无形中提高了销售的成功率。

注意职场礼仪

礼仪是一个人的名片。比尔·盖茨说过："在市场竞争条件下，企业竞争首先是员工素质竞争。"就产品销售而言，企业的竞争也就是销售员素质的竞争。礼仪是体现销售员素质的一个重要方面。

一般来说，销售员的基本礼仪包括两方面：一是仪容仪表，二是职业礼仪。礼仪是对顾客的尊重，你尊重顾客，顾客也会尊重你。

专业能力提升顾客信任度

在销售过程中，顾客会提出很多专业问题，涉及行业、品牌、产品等多方面，如果销售员对此了解肤浅，就会因为专业知识不足，沟通中不够敏感而错失机会，最后没有任何成交结果。因此，销售员每时每刻都要想尽一切办法提升自己的专业能力。那么，如何提升自己的专业能力呢？在此，我给你们支几招：

对行业及品牌的了解

销售员应对自身行业的目前格局、发展历史、潮流了如指掌。

任何品牌都需要时间的积淀、文化的积淀、品位的积淀。销售员应对品牌的历史、文化了如指掌，力求说话不多，语气沉稳，句句深入人心。如"先生，您拿他们来和我们比，我们从来不拿他们和我们比，因为我们两家不在一个层级上"。

对产品的了解

对产品的了解包括对产品的风格、关键技术、优势等的了解。销售员可以把顾客当成彻底的"傻瓜"，对这些问题进行详细的描述。

此外，销售员还应了解主要竞争对手的不足、销售的技巧与方法，了解与掌握专业销售技巧与顾客心理，总结专业沟通技巧与话术。

关注与关怀提升顾客信任度

销售员应该把强烈的成交欲望藏起来，关注顾客的状态，关心顾客的感受，这样才能获得顾客的信赖。

○ 案例

在一家著名的家具店里，小王准备与刘女士签单，但在聊天过程中发现刘女士离婚了，因为难受、痛苦，所以就逛街乱买东西。小王安慰了刘女士之后，主动帮刘女士退了一些她多买的商品。之后她们之间便建立了深厚的友情。

因为小王的贴心服务，让刘女士对小王大有好感，之后也介绍身边的很多人来小王店里买东西。虽然小王当时损失了一些订单，但给她换来了以后更大、更多的订单。

销售人员与顾客之间并不只是卖者与买者的关系，还可以是朋友关系。很多销售员抱怨顾客难缠，自己费了很大劲儿也没能把产品卖出去。此时，销售员应该反思一下，自己是否只是以卖者的身份竭力向顾客推荐自己的产品，而忽略了与顾客交朋友？顾客都不希望与一个冷冰冰的人做交易，所以销售员必须用自己的真诚和热情感化顾客。当顾客不再把销售员当成是黏人的"狗皮膏药"时，销售员就离成功不远了。

合理化建议提升顾客信任度

信任来自于一个人对过去经验和现在信息真实性的判断，最后才能做出他是相信还是不相信的选择。在销售沟通过程中，销售员以客观现实为依据，合理合据地分析与呈现，就能增强顾客对你所阐述事情的信任度。

○ 案例

常总和老婆陈梦吵架了，楚天在陈梦的店里上班，陈梦的店经营出了点问题，需要常总帮助解决，但是常总和老婆陈梦冷战中。楚天作为陈梦的员工，并且与常总女儿小小正在交往，就被陈梦派过去当说客。

在常总的公司里，楚天看到常总走过来，连忙鞠个躬，打招呼道："常总好。"

常总："哟，你小子胆儿不小啊，闯我地盘上来了。"

楚天："今天我来，是想找您好好谈谈。"楚天满脸堆笑地说道。

常总听完这话冷哼了一下继续往前走。

常总："我倒想看看你能说出什么花样来。"

> 当这位"顾客"走过来的时候,没有给"销售员"好脸色,明确表示不想合作。那么在这种情况下,"销售员"要怎么回应呢?怎么才能把"顾客"不想合作的关闭的心门一点点打开呢?

楚天:"常总,今天来就是想为陈总和我自己说两句话。前段时间您对陈总和小小实施了一剑封喉的政策,她们都找不着跟您表达的机会,都挺郁闷的。我呢,在您面前就更没有发言权了……"

> 楚天说的一番话描述的都是客观事实,并没有掺杂个人情绪。沟通中如果掺杂个人情绪,就容易让对方情感发生变化,使对方情绪化,从而破坏沟通的基础与氛围。

常总:"那你还说什么呀。"

楚天:"所以呀,今天我是特地登门拜访,咱们打开天窗说亮话,是判我们死刑还是放我们一条生路,请您能够听我把话说完,再做决定。"

> 任何一个词后面都隐藏着能量,"特地"这个词很重要,"顾客"听后会产生心里的震荡。"这是我特地给您推荐的产品",顾客听到后就好像受到了与众不同的待遇。

常总:"说吧。"常总漫不经心地说道,同时坐了下来,但并没有叫楚天坐下。

楚天:"嗯。首先,在服装店的经营策略上,我不得不说一句,您的确是老谋深算、经韬纬略、目光长远,生意场上您是大腕,我们在您面前都是小玩闹,不值一提。"

常总本来一直在忙自己的事,现在看了一眼楚天,手指着座位,说道:"你坐下。"

> 本来要他站着说,几句赞美的话就换来坐的待遇。因此可通过赞美和肯定对方的能力、成就、品味,表明立场,获得对方的好感。赞美的话让对方找到了感觉,态度一缓和,一切问题都好解决。这个世界上男人、女人、老人、小孩,所有人都愿意听赞美的话。

楚天:"您批评得非常有道理。陈总在服装店的定位、方向上,的确有点眼高手低、独断专行、刚愎自用。小的不才,完全赞同您的观点,我也在陈总面前吹过几次风,可是都被就地镇压了。现在能挽狂澜于服装店的也只有常总您了。"

常总:"少拿话哄我,甭想几句好话就骗我解冻资金。"听到楚天的赞美,常总脸上浮现出了笑容。

楚天:"我不是在乎您的钱,我是在乎您的智慧和您的英明领导。我相信只要您愿意,您稍微动动脑筋,就可以把前期投入的那四十万给盘活。"

常总:"你们把店折腾成这样,皮球又踢回我这儿。"常总腾地起身。

> 再怎么赞美，问题总是要解决的，当抛出这个问题的时候，对方情绪表现得有点急。当遇到这类顾客的时候，怎么化解顾客的异议的呢？

"谁让您有这本事呢，而且我相信，您也不愿意看着自个儿的钱打了水漂吧！"楚天顿了顿又说，"陈总现在是一筹莫展，已经认识到您的英明了，虽然嘴上不说，可心里头一直盼着您出手相救呢。"

"真的？"一直听楚天说话的常总眉毛一挑，反问道。

楚天："当然是真的，我们都等着呢。只要您有策略，有指令，我给您保证我们招之即来，来之即战，甘心情愿地为您鞍前马后，赴汤蹈火。"

"谁稀罕你鞍前马后，赴汤蹈火啊。"常总不屑地说。

"我不是那个意思，"楚天边说边赶忙为常总倒了一杯茶，并递给常总，"我不就是想尽一个员工应尽的责任嘛。"

> 小伙子端茶的细节表明自己不仅嘴上能说，行动上也能做。

常总："嗬，真没看出来，你小子还挺'忧国忧民'的啊，我就不明白了，这店是我们家的，有你什么事儿啊，你在这儿急成这样。"

楚天："额，既然您说到这儿，那我就要说说我自己了。常总，以前我的确犯过急功近利的错误，也游手好闲过一段时间，但正是因为我有过教训，才培养了我的责任感和紧迫感。以前我做生意那会儿，在店里头给人打工这种事儿，我哪看得上眼。可是现在这样的一个机会，我觉得特别难得，我现在已经懂得珍惜机会、珍惜感情，真的。我觉得男人的责任感都是培养出来的。我就觉得我现在比以前有责任感了。"

> 用诚恳的态度打动对方，暗示对方自己是一个敢于负责任的人。用行动来证明自己的真诚与解决问题的态度。做任何事，态度特别重要。

"责任感不是嘴上说说就有了。"常总说道。

楚天："说到对爱情和婚姻的态度，我也部分同意您的观点，目前我的确还没资格谈婚论嫁，所以说我没打算要结婚，可这并不表示我对小小的感情不认真，至少我愿意为她全力以赴打拼一番。她的感情就是我前进的动力，我的目标就是快马加鞭，努力奋斗，让自己拥有和小小结婚的资本。如果两年以后，我还没有创造出这样的资本，常总，到时候不用您轰我，我就自个儿撤了，我说到做到。"

> 给态度，做承诺。不要一味地说自己好，难道你一点问题都没有吗？要说真话、说实话。世界上没有完美的人，要敢于展示自己的不足。敢于向某人展示自己的不足，说明你对他的信任。

"你小子真这么想的？"常总反问道。

> 现在"顾客"已经被"销售员"打动了。

第十二章 · 智慧销售二式：赢信任
展现魅力，心悦诚服听你说

楚天："千真万确。哦，对了，这几天我看到您和陈总的冷战状态，作为旁观者，我想提醒您一句，您和陈总不存在原则上的对立，其实都是想怎么经营好这个店，那剩下的就是怎么具体协调的问题了，您得给陈总一个表达的机会，多听听陈总的感受，再做出一个双赢的决定，是吧？"

常总点点头说："有道理。"

> 现在已经是楚天占主导地位了。在销售过程中，要善于摆事实、讲道理、给利益、说风险，引导对方朝有利于我方的方向思考和行动。

楚天："呵呵，我不是说了吗，您高瞻远瞩，我鞍前马后。"

常总："你这三说两说，就把咱们说成一家子了，我发现你小子就是嘴皮子好使，我闺女就是让你给说晕的吧。"

楚天："不是，我这都是肺腑之言，您得相信我，我不光是嘴皮子好使，心眼也好使，行动起来更好使。"

"服装店的事，你真的同意站在我这边？"常总问道。

楚天："真的。"

"那咱们谈谈，"常总让楚天坐近些，"你首先得答应我一个条件，以后服装店的营业额和陈总的动态，要随时向我汇报。"

> 通过妥协与让步来推动成交的完成。在销售过程中，销售员要稍微妥协，让顾客看到你的诚意。

通过以上案例，我总结出改变顾客抗拒、不合作的态度，展开合理化建议的八大实战步骤：

第一步，用真诚的态度，理性、客观地说明。

第二步，放低姿态，交出决策权，以退为进。

第三步，不添加任何感情色彩的客观描述，让对方无法拒绝与否定你，为进一步沟通争取机会。

第四步，通过赞美、肯定，认同对方，拉近距离，获得好感。

第五步，凸显对方的能力、价值与成就。

第六步，引出要解决的问题，让对方无法回避。

第七步，摆事实、讲道理、给利益、说风险，引导对方向有利于你的方向思考。

第八步，通过妥协与让步获得成交的机会。

承诺提升顾客信任度

一切销售的最终目的都是为了成交。如果一个销售员具有精深的专业知识，了解寻找准顾客的原则，掌握面谈的技巧，但就是不能与准顾客成交，那他就不是一个合格的销售员，他之前所有的准备与努力都是白费的。

公众承诺

公众承诺是指当你想去完成某一件事，又担心动力不足，无法坚持，就把它说出来，并告诉他人自己一定能够完成，目的是让他人来监督自己。

○ 案例

婚礼开始后，婚庆主持人请上新郎新娘，接着便开始了每一个参加过婚礼的人都非常熟悉的一幕。主持人问新郎："××先生，你愿意娶某某为妻吗？不管以后新娘变成什么样子，无论发生任何事情，你都愿意为她去承担，去呵护她吗？"

新郎："我愿意！"

第十二章 · 智慧销售二式：赢信任
展现魅力，心悦诚服听你说

主持人："××女士，你愿意嫁给你身边的这位先生吗？不管以后发生什么事，你都愿意陪伴在他的身边一生一世吗？"

新娘："我愿意！"

为什么女人都渴望有一个盛大的婚礼？因为有很多人来见证他们的幸福和彼此的承诺，这就是一种公众承诺。一旦在大庭广众之下做出了终生不渝的承诺，无形中也对婚姻的双方进行了约束。

在销售过程中，有时顾客之所以迟迟做不了决定，其实顾客是在等待商家对他的承诺。关键时刻的承诺能立刻化解顾客的担忧，推动成交。

为了增强顾客的购买决心，促进销售的顺利完成，销售员要借助一定的承诺让潜在顾客充满期待，强化决定，推动成交。例如：

"对于送货期限，您大可放心，我保证……"

"如果您现在就下单的话，那我就答应……"

"如果先生不喜欢这种花色的话，那您随时可以找我调换……"

如果在销售沟通的过程中，对于顾客比较关心的一系列问题销售员都不能给予及时承诺，就会增加顾客对产品或服务的疑虑，从而不利于接下来的沟通。所以在具体的沟通过程中，如果顾客提出的要求是合理的，同时销售员确保自己可以通过努力满足顾客的要求，而且这些承诺有利于促进交易的实现，那么销售员就可以做出承诺。

书面承诺

承诺很容易说出口，但是并不容易做到，因为兑现承诺需要付出、需要坚持、需要发自内心的坚定，但这些也正是成功销售员身上具备的特质。一些销售员认为承诺只要心中有就好，不一定要写出来，还有些销售员认为将承诺写下来，如果没有做到就很没面子。其实，这正是书面承诺的关键作用所在。

一方面，正因为没有做到会很没面子，所以更有必要说出来，并写下来。写下来后，销售员自己也会为面子而战，把"没面子"的压力转化成"争面子"的动力，大大增加了目标完成的可能性。

另一方面，因为要把承诺写下来，所以，销售员对顾客做出的承诺会更加合理，不会冲动，这又为实现承诺的可能性增加了筹码。

销售沟通过程中如果顾客对某一个点一直有疑惑，而且销售员对该点有绝对把握，那么可以直接把承诺条款写在合同上，从而推动成交。

有选择、有技巧地进行承诺

并非对顾客的所有要求销售员都要进行承诺。销售员在面对顾客的要求时应该有选择、有技巧地进行承诺。

1. 承诺时要坚定

如果确定可以向顾客进行承诺，那么在向顾客进行承诺的时候，销售员需要表现出真诚的态度和坚定的语气，不要支支吾吾，更不要唯唯诺诺。一旦销售员在承诺过程中表现得不够坚定、不够真诚、缺乏信心，顾客就会对承诺的内容产生怀疑，进而对此次沟通产生不满。

○ 案例

顾客："你的这个五金件，质量有可靠保证吗？"

销售员："当然有了。"

顾客："可是我觉得质量好像一般？如果出现质量问题那该怎么办？"

销售员："那——如果质量不可靠的话，您可以来换一下，我应该——不，是保证给您调换。您觉得这样行吗？"

顾客："我觉得还是有问题，不放心……"

以上案例中，销售员虽然做出了承诺，但说话支支吾吾，话语中流露出的是缺乏自信和真诚，因而造成了顾客的"不放心"。

2. 坚决不做满足不了的承诺

如果销售员已经确定顾客的某些需求无法给予满足，就千万不要轻易进行承诺。这时，销售员可以采用其他辅助手段淡化顾客这方面的需求，或者真诚地向顾客表明你的难处。

○ 案例

"您希望我们上门指导安装？您一定以为它安装起来非常复杂吧，其实特别简单，我现场给您演示一下，您就什么都明白了……"

"我知道您希望货物最好能在一个星期之内送达，不过您也了解，现在正处于春运时期，各个地区都要对城际间的物流进行严格审查，况且现在司机又少……"

如果以上方式仍然无法使顾客改变要求的话，那么销售员宁可失去一次交易的机会，也不要失去最基本的信誉。失去一次交易的机会也许有些可惜，但是如果失去了最基本的信誉，可能再也没有挽回顾客信任的机会了。

3. 无法实现承诺时予以道歉和补救

对于那些已经向顾客做出承诺，最终却无法兑现的，一些销售员想当然地以为"只要顾客不加以追究，那就可以蒙混过关"。如果销售员以为可以蒙混过关，那纯粹是一种侥幸心理。顾客既然当时要求你做出承诺，就表明他们对承诺的内容比较关注。如果顾客发现你最终没有兑现承诺，即使不加以追究，但对你的不满已经形成。这时，如果销售员不及时予以道歉，并想办法加以补救，那这种不满就会越积越多，最终发展到难以调和的地步。

一旦发现无法兑现承诺，销售员就要在第一时间向顾客表示歉意，同时要诚恳地说明承诺无法实现的具体原因。如果有可能，还要主动提出具体的补救措施。

○ 案例

"××女士，您好！首先我对维修人员没能及时到场表示诚挚的歉意，希望能得到您的谅解。这主要是因为今天负责值班的维修人员突然生病造成的。对于因此而耽误您的宝贵时间我感到十分抱歉。如果您方便的话，明天早上八点我们的维修人员可以上门维修……"

"××先生，对不起，我刚刚发现，最初答应给您的那款产品库存不够了，实在抱歉。正好库里还有一批产品，质量和功能与您要的那款完全相同，只是颜色稍有差别，我们还可以另外赠送您一些零配件，您看……"

在向顾客表达歉意时，销售员一定要态度诚恳，道歉态度不诚恳更易激起顾客的不满。同时，销售员提出补救措施时必须要委婉地向顾客询问，必须在顾客表示明确同意的前提下再予以实施，千万不可自作主张。

此外，在选择具体的补救措施时，销售员最好选择那些让顾客感到增值的服务性措施。当然还需要注意一点，那就是必须要优于原先承诺的条件，否则仍会引起顾客不满。同时，销售员还要掌握一定的度，不要为了顾客的一时高兴而不顾成本核算，最终造成"有交易，无效益"的结果。

★ 胡老师点评

一定的承诺可以增强顾客的购买决心，但是如果随意承诺无法实现的事项，最终的损失要比失去一次销售机会严重得多。

不管实施起来有多困难，一旦承诺了就要想办法兑现。销售员都要做到这一点。

要想使顾客感到满意，那你做到的事情就应该多于承诺过的事情，而不是恰恰相反。

有时由于一系列因素的出现，你可能无法实现对顾客的承诺，此时使损失降到最低的唯一有效的办法就是向顾客真诚地道歉，并且及时用其他方式予以补救。

如果你对自己的承诺有足够的信心，那么就该直接将该条款纳入到成交合同中。

实战基本功——你真正卖的是信赖感

什么是销售？销售就是贩卖信赖感。

有的人长得一表人才，穿着讲究，介绍产品时头头是道，但是，顾客就是不买他的产品。而有的人，长得非常土气，穿着普通，一副老实憨厚的样子，说起话来甚至有些结结巴巴的，奇怪的是顾客却买了他的产品。为什么？因为后者给顾客信赖感，而前者没有。

如果说有一个比较好的产品，你站在马路上吆喝："姑娘小伙子们，大娘大嫂大爷们，我们这个产品，是世界一流的高科技产品，我们这个产品经久耐用，价廉物美……"如果你这样吆喝的话，会不会有人买你的产品？不会。因为路人对你没有信赖感。即使你说的产品是真的，也可能被怀疑是假冒伪劣产品，即使你的产品真的卖得非常便宜，也会被认为很暴利，这就是没有信赖感。所以，我们在卖产品的时候，首先一定要给顾客一种信赖感。

在商场上，人品比产品更重要。在推销产品之前，首先要把自己的人品推销出去，让对方信赖你。

那么，如何建立信赖感？在此，我教大家两种方法：

"专家"身份建立信赖感

销售员要把自己塑造成产品相关产业的专家。市场中充斥着种种欺骗行为，因此，顾客对于销售员都保持着高度警惕。如果你只是把自己定位成一名销售员向顾客销售产品，那么顾客很难对你产生信赖感。在顾客的眼中，销售员为了把产品卖出去，总是夸大其词。

顾客在选购产品时，一定会选择拥有专业知识的人销售的产品。比如说，电脑销售员如果对电脑一窍不通，怎么能让顾客放心购买？电脑销售员不仅要了解所销售产品的一些特性，还必须熟悉电脑的操作技能，例如电脑系统的安装、相关程序的安装以及电脑硬件设施的维修、保养等等。这些知识一定可以增加销售员的可信度。

在销售过程中，口若悬河地说那些不着边际的话，不如简短有力的专业化语言更有说服力，"专家"身份可以建立顾客对销售员的信赖感。

一定要真诚

大家都买过衣服。有的销售员在你选购衣服的时候，不管你试什么衣服，她都会说漂亮，都会说非常适合你，反正哪一件都是好的。其实这一件衣服根本就不适合你，对方这么说，无非就是要你快点买他的衣服。这时候，你就会感觉到她不真诚，你就不会买她卖的衣服。

但也有一些销售员，在你挑衣服的时候，她会出谋献策，当你的参谋。当你选一件衣服的时候，她会这样说："这件衣服不太适合你，因为这件衣服的颜色比较浅，而你比较丰满，这样反而有一种膨胀感，使你显胖。我觉得这件黑色的衣服更适合你的身材和皮肤，因为黑色有收缩感，再说这个领子呢，又是V形领，使你的脖子看起来更长。你自己在镜子前面照一下，确实比刚才那件要好，而且价格也比较合适。"听完销售员的这一番话，你自然就买了。

你为什么会买？因为她说得比较真诚，她真的是为你着想，这样你对她就有了一种信赖感，你下次还会到她这里来买，因此，她就有很多回头客。有一些店面的生意之所以兴隆，这跟店里老板的为人大有关系。

同样，作为销售员，你在介绍产品的时候，也要恰如其分地介绍，不要过分夸大。有时候，你还要有意提及产品的不足和缺点，这样顾客反而会觉得你很真诚，为他着想，反而会买你的产品。因为任何一种产品，都不可能十全十美，关键在某一点或几点上打动顾客。特别是当顾客提出某一个问题的时候，你如实地告诉他这个缺点，但并不妨碍他的某一个需求点，他反而更加信赖你，这就是真诚的力量。

日本销售大师原一平曾说过："要得到顾客的信任，真诚的销售是非常必要的。"真诚是换取顾客信任的重要武器。真诚并非那么难，只要销售员真的是用心的为顾客服务，那么就一定可以赢得顾客的信任。

人与人之间建立互相信任的关系很难，尤其是销售员与顾客之间涉及钱与产品的交易，顾客是很难完全信任销售员的。所以，销售员一定要争取让顾客在购买产品前先对你产生信赖感。

第十三章　智慧销售三式：挖需求
洞若观火，三教九流全明白

参考销售场景

　　销售员讲得头头是道，顾客却没什么反应，无动于衷。

场景分析：我们能打动顾客吗

　　这样的场景每天都在终端卖场上演，针对这样的情况，各路高手也是八仙过海，各显神通。

　　冷清的电器店内，没什么人，这时，一个老太太进来了。

　　销售员非常热情地迎接："大妈，您好，欢迎光临××电器专卖店！今天过来看看电器？来，这边请，想看点什么电器？"

　　老太太："家里暖气不暖，今天想看看电暖器。"

　　销售员："电暖器啊，在这边呢，来，您慢点，您看这边有各式各样的电暖器，我们有热辐射的、油汀的，还有红外线的，您先看看，看喜欢哪一个？"

　　老太太："这么多，行，我先看看。"

　　老太太边走边看，在一款油汀型电暖器前停了下来，好像对它感兴趣。

　　销售员感觉有机会了，非常激动，手舞足蹈地说："大妈，您觉得这款不错？您真有眼光，这款电暖器是我们店里的最新款。来，我给您介绍一下：这款油汀电暖器采用优质加粗橡胶、PVC 电源线，采用 0.6mm 加厚优质钢板，承压力强，安全不漏油，叶片连接采用精密数控压力滚焊技术一次成型与双卷边工艺，抗压抗撞，不漏油，防倾倒开关，倾倒自动断电，安全无忧，采用高温超导热油……"

老太太越听越烦，走上前拍拍销售员的肩膀说："小伙子，别说那么多，你能告诉我，这款电暖器能制暖吗？"

销售员愕然，哑口无言。

结论

大家想一想，顾客为什么要买你的电暖气，她买电暖气的目的就是为了能度过一个温暖的冬天。如果你向对方介绍了一个小时，还没有向她解释清楚你的电暖气能不能让她度过一个温暖的冬天，你所说的一切都是废话。顾客买的不是电暖气这个东西，而是它能够让顾客渡过一个温暖冬天的利益。

不管销售员销售什么产品，在销售过程中一定要看一看自己的产品能满足顾客什么需要，能解决顾客什么问题，把产品看成是满足顾客的手段，是解决顾客问题的方法，才能打动顾客。

然而，在现实中很多销售员不懂这一原则。销售员常犯的错误是特征销售，即见了顾客之后，告诉顾客产品的形状、颜色、型号等等，唯独没有介绍产品的这些特征能够带给顾客什么利益。

销售员能否赢得订单的可能性与你向顾客讲述利益时的努力成正比。销售员越是努力向顾客说明产品带给他的利益，就越能打动顾客，越能赢得订单。因此，销售员必须要实现由产品特征销售向利益销售的转变，要清楚地认识到，顾客需要的不是产品的本身，他不关心产品具有什么样的特点，关心的是产品能够带给他什么利益，能够满足他什么需要。

攻心战之顾客心理分析——动机心

行为背后有动机，言语背后有目的。一件事情成功的关键是正确的人来办正确的事，攻克人的关键是了解人的心理需求。每一个顾客的购买行为背后都隐藏着动机。动机决定需求，因此，看透顾客的动机，将大大提高成交的可能性。

顾客购买行为背后都隐藏着四个心理诱因

每一个顾客的购买行为背后都隐藏着四个心理诱因：诱因一，我为什么要买；诱因二，我为什么要买你的；诱因三，我为什么现在买；诱因四，我该怎样买。顾客都是带着这四个问题来逛商场的，销售员在介绍产品时只要紧紧抓住顾客的这四种心理与顾客沟通，成交的概率就会大大提高。

动机决定需求

动机是什么？就是人们采取某种行为的根本理由，也称为动力。动机是驱动人们行为的根本原因。顾客购买产品一定有动机，销售员要通过发掘顾客的动机来更有效地赢得订单。

顾客在购买产品的时候都会出现这样的情况，即有一部分购买原因是自己清楚的，有一部分是自己没有意识到的，或者即使是自己意识到了也不愿意承认的，即显性动机和隐性动机。

例如：

有人问你："你为什么买手机？"

通常的回答是："因为我需要。"

如果接着问："你需要它做什么？"

你会说："我需要沟通方便，让我身边的人随时能够找到我。"

如果继续问："那你为什么要花这么多钱买一个很漂亮的呢？"

你可能会说："因为外形好看呀。"

再问："你不是只需要沟通方便吗？但你为什么要选择有照相功能的？"

如果这样问下去,你就会说出更多的购买动机以及由此带来的各种需求。

正如顾客购买手机的许多不同动机一样,顾客购买任何一件产品都有自己的动机,而且也都有显性动机和隐性动机。为了让顾客对你的产品感兴趣,也为了能够向顾客推荐更能打动他的产品,销售员首先要明确顾客的显性动机与隐性动机。

把脉顾客需求类型

动机决定行为,而动机也体现出顾客的需求。也就是说通过分析顾客的需求可以解析顾客内心潜在的动机,从而为销售提供服务。需求按照不同的角度和标准会有不同的答案,在此主要从销售过程中顾客的表现来区分顾客的需求类型。

类型一:舒适型

对于舒适型的顾客,销售员应该做到:

在接待感觉上:温馨、放松、自在、不需要太多的个性。

沟通关注点:材质、使用便利性、产品功能、身体触感、对价格不太敏感。

销售应对重点:提供更多实景照片、多引导顾客进行体验、多使用场景塑造。

类型二:实惠型

对于实惠型的顾客,销售员应该做到:

在接待感觉上:整洁、干净、实在、结实耐用、基本不需要个性。

沟通关注点:材质、细节、售后服务、对价格比较敏感。

销售应对重点:注重细节方面的介绍、多做比较、塑造产品质量优势、多使用资质证明表明质量可放心。

类型三:品位型

对于品位型的顾客,销售员应该做到:

在接待感觉上：浪漫、高雅、不落俗套、有文化气息、简约而不简单、有较高的个性化需求。

沟通关注点：风格、色彩、造型，对价格一般不太敏感。

销售应对重点：多谈设计理念和流行趋势、品牌背书和设计背书、赞美和场景引导。

类型四：显摆型

对于显摆型的顾客，销售员应该做到：

接待感觉上：大气、豪华、奢侈、非一般有钱人。

沟通关注点：整体视觉效果、工艺、材质、环保安全、对价格不敏感。

销售应对重点：塑造奢华和贵族气息、塑造品牌和产品"血统"、"傍大款"策略。

三句话问明顾客需求

需求是顾客购买过程中最重要的因素，销售成交的过程就是满足顾客需求的过程。如何挖掘顾客的需求，已成为市场考验销售员的试金石。提问是发掘顾客需求最有效的方法之一。

根据我多年考察卖场的经验，给销售员提供三句问明顾客需求的金句：

第一句：先生，您买××产品主要考虑什么方面呢？

第二句：先生，您是不是觉得××方面更重要一些？这句问话剔除了共性的套话，并结合自身产品，聚焦个性化需求。

第三句话：那您关心的××方面是说产品的××方面。这句话将顾客的需求延伸至产品的优势上。千万不要说太多话，一次性解决问题才会使顾客静下心来看产品。

○ 案例

销售员："您要一台什么样的手机呢？"

顾客："我要想一台屏幕大、按键大、操作简单、价格便宜的手机。"

> 这时，销售员应该继续挖掘顾客的需求信息，以免漏掉任何顾客还没有表达的信息。销售员可以用"您还有其他要求吗"这样的开放式提问方式。

销售员可以接着问："您要一台屏幕大、按键大、操作简单、价格便宜的手机，您还有其他的要求吗？"

顾客："最好是带键盘的。"

> 用"其他"进行提问的好处在于既对顾客的需求进行了总结，又避免了主观猜测，帮助销售员全面挖掘顾客需求。但是，"其他"和"什么"提问挖掘到的都是顾客的表面需求，要挖掘需求背后的需求就要用"为什么"提问。

销售员可以再问："您为什么需要这样的手机呢？是您自己用吗？"

顾客："我是给我爸爸买的，他不太会用高科技产品。"

> 这时候销售员已经基本掌握了顾客的目标和所要达到的目的，可以开始有针对性地推荐、介绍产品了。

实战基本功——挖掘需求，激发欲望

辨明需要、欲望、需求的本质

什么是需要？什么是欲望？什么是需求？不同的人，不同的标准，不同的角度会有不同的结论。在这里，我主要从销售的角度来阐明这三个概念。

人类在生存和生理方面的基本要求，我们称之为需要。例如：一个人，从小男孩变成大男人，想不想娶老婆？想！那么娶老婆，结婚这样的要求就是满足基本的需要。

肚子饿了要吃饭，渴了要喝水，冷了要穿衣服，这些主要是为了解决人类生存的基本要求，都属于我们所说的需要。

人类在心理方面的要求，我们称之为欲望。例如：一个人，从小男孩变成大男人，想娶一个女人做老婆，而且一定要娶一个特别漂亮的女人做老婆。这种要求已经不是基本需求，而更多的是为了满足心理上的要求。我们把这种心理上的要求称为欲望。

渴了不喝水，要喝饮料，饿了不吃家常菜，要吃大餐，都是为了满足心理上的感觉，像尊严、面子、成就感等等。

真正意义上的需求，首先，要有需要，还要有欲望，更要满足最重要的一个条件——经济条件，只有具备了这三大条件的要求才能称之为需求。例如：在大城市生活，可以说汽车已经变成了基本需要，但从很多人的心理欲望来说，可能都想拥有一辆劳斯劳斯，可是并不是每一个人都买得起劳斯莱斯，那么，几乎每个人都想拥有劳斯劳斯的需要和欲望，从商业角度看，对劳斯莱斯公司就不是真正的需求。

顾客装修房子时，买家具是其最基本的需要。当他看完家具的定价后没有被吓跑，说明他买得起，有经济基础，接下来一切成交的关键就是欲望。

因此，我得出一个结论：店面销售员存在于终端的关键和核心价值就是了解、刺探、调动、激发、满足顾客的欲望。

欲望可以被调动和激发

顾客的欲望能不能被激发？欲望是可以被激发的，欲望是可以被点燃的。

○ 案例

周一上午10:30，一个穿着沙滩鞋、沙滩裤、短袖T恤的男人在商场闲逛。

> 这个顾客有没有需求？销售员应该这样想：这个人穿成这样，来商场没别的事，只能是来买衣服的。

我们进一步分析，在周一上午，10:30，一般人都在上班，是最忙的时候。这个人不上班，跑到商场里来买衣服，由此可以推断出：第一，这个人可能是中高等收入者，时间比较自由；第二，可能是老板；第三，可能是自由职业者。

最重要的是从心理因素进行分析：男人空闲时间不喜欢在商场闲逛。科学研究表明：男人逛商场的极限是72分钟，女人逛商场的极限是72小时。

这个男人就是我。当时我一口气在40分钟内买了4件衣服，两件上衣，两条裤子。

买完后我看了一下自己的成果，觉得买得差不多了，便提着衣服往回走。这时又来到一个店门口，橱窗里有一个模特。我被模特身上的上衣所吸引。这是一件黑色的桑蚕丝短袖，上面有小花纹，下面搭配一条白色的裤子。

当时我看着衬衣自言自语："哇，这件衬衣真漂亮。"

这时，销售员过来了："先生，喜欢就试一下嘛。"

我笑了笑说："不试了。"

销售员又说："先生，你要喜欢就真的得试一下，不试你不知道感觉。"

第十三章·智慧销售三式：挖需求
洞若观火，三教九流全明白

我说："我真的不试了。"并在她眼前晃了晃之前 40 分钟内的战绩，告诉她："我已经买了两套了。"

> 直至现在，我已经连续拒绝销售员两次。

被连续拒绝两次后，这个销售员没有放弃。因为我知道，不能试，一试就有可能买，但是我又不想买，因为已经买了两套衣服了，没必要买那么多，我强烈的购物欲望已经被满足了。

这时销售员话锋一转："先生，这件衣服您不试没关系，但我建议您再好好看看，这件衣服现在买特别合适。"

我问："怎么了？"

她说："广州 7 月份就换季了，这件衣服原价 3800 多元，现在买只要 1000 元，现在买多合适啊！"

我笑了笑说："不是钱的事。你看，我 40 分钟之内已经买了两套衣服，再买这一件，那就是冲动。"

销售员笑了笑，看着我说："先生，要说冲动，您冲动得起啊，别人想冲动还冲动不起呢。"

> 这句话是关键，说得太好了。把人心中的那份欲望、那份感觉、那份得意、那份成就感、那份尊严都调动起来了。

我听了之后很开心。但是开心之余心里想：千万别冲动。

所以我对销售员说："你说得真好，你说得真棒，我很开心。"但冲动是魔鬼。我又一次说："我不要了。"

这时，销售员话锋一转，又说："嗨，先生，你想象一下，平时工作那么忙、那么累、那么辛苦、那么拼命赚钱，为了什么呀？不就是为了遇到喜欢的东西，能够拥有它吗？"

当我听到这几个"那么"的时候，我就想真正的知音在这里啊。她怎么这么了解我啊。

赚钱的真正目的是提升自己的生活品质。拼命赚钱不就是为了家吗？不就是为了让自己过得更舒适吗？至此，我彻底向她投降了。

我说："冲这两句话，这衣服我要了。"

根据销售经验，我们知道，当顾客做出成交决定时，要赶快下单。但是没想到，小女孩看了看我说："先生，您确定？我强烈建议您，一定要试一下，如果不合适，您也没必要浪费钱。"

一个销售员对一个顾客这么负责任？这位店员越这么说，我反而越想买。

我说："不用试，我要了。"

开单时，她又说了两句话："先生，非常感谢您喜欢我们的产品，当然也很感谢您支持我的工作。"

销售员把衣服帮我装好，我把支付小票递给她，然后我就开始夸她："你太优秀了，在你这儿买东西我很开心。"

这个销售员笑了笑说："先生，谢谢您，如果您感到开心的话，我会一直在这里等您的。"

我笑着转过身，刚走没几步，她叫住我："先生，您稍等一下，我忘记问您了，您有没有浅色的，最好是白色的裤子啊？"

我一听，心里咕咚一下，心想，白裤子，我确实没有。

"您也知道，像这种夏天穿的深色的衬衣，最好要配一条浅色的，最好是白色的裤子，才能穿出地位、穿出品位、穿出感觉。先生，我也知道，您是一个有身份、有地位、有品位的人，所以如果您没有白裤子的话，我真的强烈建议您看看我家的白裤子。"

我想销售员说得也有道理，关键是她说我是一个有身份、有地位、有品位的人，在她的"怂恿"下，我接着买了一条白裤子。

在她递给我白裤子的一瞬间，我看到她瞄了一眼旁边的皮鞋。我赶紧说："别说了，你是不是想推荐那双皮鞋给我啊，那种皮鞋我有很多，不用买了。"

那位销售员笑着说："那好，我就不推荐了。"

于是，我赶紧转身就走。因为，我知道只要给她机会，可能她推销完皮鞋，推销领带，推销完领带，推销腰带，推销完腰带，推销内裤……

这次买衣服的过程很高兴，所以回去之后，我就将衣服穿起来了。自己想：哟，感觉不错哟！

于是，我决定去公司炫耀一下。我问公司的同事："你们看看，我的新衣服怎么样啊。"

公司里很多人都说："不错，太棒了。""胡老师真帅气。"

这时一个小伙子说了一句话："胡老师，您刚从菲律宾回来吧？"

小伙子不说我还没感觉，经他一说，我一看，可不是吗？我瞬间觉得被那个销售员忽悠了。可是衣服是特价买的，又不能退。

于是我回到家就把衣服换了。从此，这一身衣服我再也没有穿过，但是我不后悔，反而很感谢那个销售员。因为我买到了开心、买到了快乐、买到了尊严、买到了面子、买到了感觉、买到了拼命工作的价值及意义所在。

记住：销售员在卖产品时，有一部分价钱来自于你带给顾客的开心、快乐、尊严、面子、感觉。

第十四章 智慧销售四式：巧推荐
巧舌如簧，字字如刀

参考销售场景

销售员说了半天，顾客似乎还是似懂非懂，没有任何感觉。

场景分析：顾客的感觉来自哪里

在终端店面销售过程中，销售员经常碰到这样的难题。以下通过一个故事，与大家分享如何处理这样的难题。

有一天，小白兔在街上溜达，忽然一股香气扑鼻而来，于是它就顺着这股香气来到了小猫的烤鱼店。只见店内的烤炉上摆满了香喷喷的烤鱼，小白兔馋得直流口水，就想买一条尝尝，可是它没有钱，家里也只有堆成小山似的胡萝卜。于是它走上前对小猫说："我很想吃烤鱼，可我没有钱，能不能拿十斤我最爱吃的胡萝卜和你换一条烤鱼吃呢？"小猫不爱吃胡萝卜，就拒绝了这个提议。

于是，小白兔决定自己去钓鱼，自己烤鱼吃。小白兔想胡萝卜这么美味，鱼儿应该也喜欢吃胡萝卜，就拿胡萝卜做鱼饵吧。

> 别把自己的想法等同于顾客的想法。每个顾客都有自己的想法，每个顾客都有自己的喜好，别因为你喜欢就觉得顾客也喜欢，强迫顾客与你一样。

第十四章 · 智慧销售四式：巧推荐
巧舌如簧，字字如刀

第一天，小白兔带着渔具和胡萝卜信心十足地来到河边。在一切准备就绪后，它甩下鱼钩，开始钓鱼了。可是钓了很久，小白兔一条鱼也没有钓到。不过，一想到香喷喷的烤鱼，它决心继续钓。太阳渐渐落山了，小白兔还是一条鱼也没有钓到，但它却毫不气馁，决定第二天继续钓鱼。

第二天，小白兔还像第一天那样专心致志地钓鱼，可是好长时间仍然一条鱼也没有钓到。它想："万事开头难，我一定会钓到鱼的。"

于是，第三天小白兔仍和前两天一样，把胡萝卜当鱼饵，然后甩下鱼钩。可是大半天过去了，依然一点动静也没有。

> 方法不对，你再努力都是白费工夫。小白兔如此虔诚，是个有苦功的人，但是并不值得同情，因为方法不对。马云说了，没有结果的过程是一定有问题的，当然没有过程的结果是不可以复制的，那是因为你有好运气，但好运不会总是伴随你。

过了很久，终于有一条大鱼跳出来，生气地对小白兔说："你再拿胡萝卜当诱饵，我就一巴掌拍扁你！"

> 人的忍耐都是有限度的。如果销售员在销售过程中始终没有说到顾客的需求点上，顾客是不会一直听你说的，顾客会直接对你以及你的产品产生抵制情绪，最终转身走开。

小白兔这才恍然大悟：怪不得自己钓不到鱼，原来胡萝卜是不能用来当鱼饵的。那用什么当鱼饵好呢？经过长时间的苦思冥想，小白兔还是没想出来，于是他决定向小猫好好请教请教。

到了小猫的烤鱼店，小白兔诚恳地对小猫说："我已经钓了三天鱼了，可一条鱼也没有钓到。我用了自己最爱吃的胡萝卜当鱼饵，结果鱼就是不上钩。"小猫听了笑得前仰后合，说："我还从没见过像你这么傻的兔子，竟然用胡萝卜钓鱼！你不知道鱼最爱吃的是什么吗？你以为你爱吃什么，鱼就爱吃什么吗？"小白兔感到很羞愧，可它仍虚心地听着小猫的教导："你在河边挖些蚯蚓，用蚯蚓当诱饵就会钓到鱼了。"谢过小猫，小白兔信心满满地回家了。

> "知己知彼，百战不殆。"而有的销售员对市场以及顾客没有研究、分析就开始展开行动，当然是要失败的。但小白兔失败之后寻找原因，寻求解决问题的方法，这种态度值得我们学习。

第四天，小白兔来到河边，按照小猫的指点，在河边挖了些蚯蚓当鱼饵，然后一心一意地钓起鱼来。不一会儿工夫，它就钓到了第一条鱼。接下来第二条、第三条……到太阳落山的时候，小白兔就钓了满满一桶鱼，它终于可以吃到香喷喷的烤鱼了。

结论

沟通的效果不在于说话内容的多少，也不在于说话速度的快慢，而在于有没有说到点上。

80%的成交是冲动型成交，只有调动顾客的感觉，顾客才会行动。

成功销售的关键就是要找到对方的兴奋点。

攻心战之顾客心理分析——欲望心

销售过程中经常会看到这样的现象：销售员说得头头是道，眉飞色舞，顾客根本不为所动。究其原因，就是两个人不在同一个"频道"上，两人的关注点、兴趣点没有重合，这样的推销是肯定没有效果的。要想抓住顾客的心，销售员还应先从心理分析入手。

想法一：我喜欢吗

销售过程是一见钟情还是日久生情？是基于理性的思考决定，还是基于感性的冲动行为？

研究表明80%的成交都是冲动型成交行为，也就是说人们在购物时基本上都是感性的，人们会受到情感的影响。顾客在买东西时，都会情不自禁地问自己，我是否喜欢这个物品。因为喜欢而购买是最基本的情感诉求。

从销售员的角度而言，就是想办法吸引顾客的眼球，激发顾客的喜爱之情。

想法二：它值得我喜欢吗

当顾客决定要购买我们的产品时，通常是因为对顾客而言我们的产品比其他产品能为其带来更多的益处与价值，所以无论顾客是否需要，都要将我们的产品能够为顾客带来的益处与价值向顾客介绍清楚。比如：

"穿上这件衣服会让您更加时尚、引人注意，也会让别人觉得您更有品位……"

"这辆汽车能够体现您的身份和地位……"

"这台洗衣机能够为您节省一半的水费、电费……"

销售员的工作就是要让顾客了解并相信我们的产品能够带给他的益处、价值或服务等，这样才更容易打动顾客的心。

想法三：别人买吗

很多时候，人们的购买行为往往是看见别人买什么就买什么，这就是从众心理。人是群体性动物，因此，人的行为必然也会受到群体的影响。

心理学中有个故事：游客看到一群羊都向一个方向走，感到很不解，于是就问其中一头羊："你们为什么都向这个方向走呢？"那头羊回答道："其他羊都向这个方向走，所以我也向这个方向走。"游客又挡住另一头羊问："你为什么也向这个方向走啊？"这头羊也说："所有的羊都向这个方向走啊，所以我也向这个方向走。"这就是著名的"羊群理论"。

现实生活中也会看到很多这样的现象，所以销售员可以利用人们的这种心理，开展销售工作。比如现在市场上、网络上经常会出现抢购热潮，事实上就是商家在利用消费者的从众心理。

因此，销售员在卖东西的时候，顾客通常对产品的销量问题很关注。对于销量高的产品，顾客购买的可能性就会比较大，而对于销量低的产品，顾客一般都很难决定要不要购买。

当然，并非所有顾客都有从众心理。如果顾客是个标新立异的人，那么在他身边的人都买的情况下，他可能就不会买；如果这个人是一个跟随大众潮流的人，他身边所有的人都买了，那么成交的可能性就会大大增加。

想法四：我买得起吗

很多时候销售员只是一味地把自己的产品强加给顾客，而不考虑顾客是不是这一产品的真正需求者，这个产品所带来的益处是不是对方想要的，或者这个产品的价格是不是对方能承受的。因此，顾客的购买力是销售员必须了解的。

○ **案例**

销售员："张先生，买橱柜与买家具还真不一样，一定要根据您厨房的装修风格、房间结构以及水、电、气、表等等的具体情况来选择，否则以后就会有很多不便。请问，您的厨房有多大面积？"

> 首先，销售员在顾客心目中奠定了一个专业顾问的形象，同时通过询问厨房的面积侧面了解顾客房子的档次。

张先生:"大概8个多平方米吧。"

销售员:"您家的厨房很豪华呀,这么大的厨房我遇到的还不是很多。"

张先生:"呵呵,还行吧。我们公寓的厨房都比较大。"

> 顾客听到销售员的赞美后感觉很舒服,说出了更多的信息。此时销售员便可了解到对方是个大买主,这是一次非常漂亮的购买力刺探。

当销售员了解了顾客的购买力与产品的价格匹配时,销售难度就会降低,销售员只需通过正常的销售流程推销产品即可。

当销售员了解到顾客的购买力与产品不匹配时,销售员就要迎合顾客潜在的观念,细致入微地呈现产品的价值,说明产品的卖点和优势,同时顺坡下驴,因势利导,找到顾客的需求点后对症下药。

――――― 参考话术 ―――――

"您现在用的是什么品牌的产品?"

"您选择的是哪家公司的产品?"

巧推荐策略一:激发思考

人的情绪或感觉分为两种,一种是美好的,一种是痛苦的。人们一般都是逃离痛苦,追求美好。销售员要利用这个思路不断暗示对方,通过提问引导对方回想过去生活中使用该品类产品曾经遇到的不开心的、痛苦的、难受的经历和体验，从而激发对方进一步了解我方产品和服务的感觉和欲望，进而激发顾客的购买欲望。具体操作方法如下：

首先，分析前期与顾客沟通的内容，找出其中顾客可能感兴趣的话题；

其次，引导顾客进入回忆状态；

再次，让顾客想想过去经历中不愉快的、痛苦的、难为情的、愤怒的一些生活经历、事情，激发顾客情绪上的反应；

最后，将这些情绪与我们的产品和服务联系起来，并告诉顾客我们可以帮助他摆脱这些不愉快的体验。

○ 案例

哈利在垃圾站捡了一张废弃的桌子。正当他在清洗那张桌子的时候，门铃响了。

他打开门，一个西装革履的小伙子顺着打开的门进来了，并对哈利说："上午好，先生。请问您是房主吗？"

> 在小区推广时，销售员一般是站在门口敲门，当房子主人打开门时，销售员就会说："您好，我是……"紧接着，"砰"的一声房主就会关上门终止销售员的推销，根本不给销售员说话的机会。而这位销售员则不同，顺着打开的门就进去了。这样，房主没办法直接把销售员推出门外，不得不听销售员说几句话。这样，销售员就有机会与顾客沟通，为下一步推销做准备。

哈利愣住了，诧异地望着进来的小伙子，他回头看了一眼那张桌子，以为是警察来追究他在垃圾站捡的桌子。

小伙子接着问："你有百科全书吗？"

第十四章・智慧销售四式：巧推荐
巧舌如簧，字字如刀

听到小伙子这么问，哈利松了一口气，因为他知道面前这个人不是警察，而是一名推销员。

"分类广告上什么都有，我不需要。"哈利应付着答道，并准备让这个小伙子走。

小伙子也看出了哈利的心理，说道："我不是要借，我是要卖。"同时，一边说一边放下他的手提袋，向哈利伸出手。

> 当顾客不想再听销售员推销的时候，向顾客伸出手这一招非常有效。一般情况下，当对方向我们伸出手时，我们出于礼貌要跟对方握一下手，这是本能的反应。因此，这个销售员又赢得了进一步沟通的机会。

"我问你一个问题，"当哈利出于本能跟这个小伙子握手时，小伙子说道，"你在与朋友们聊天时，是否只能傻傻地跟着点头，根本不知道他们在说什么？"

此话一出，哈利情不自禁地陷入回忆中……

比如，当朋友们说那个行为根本就是违宪行为，其他朋友表示赞同，而哈利却一头雾水，但也跟着表示赞同；当朋友说某某人应该得金球奖的时候，哈利点头表示同意，可是身边其他朋友却不这么认为，哈利顿时觉得很没面子……

"抱歉，您发了大约两分半钟的呆，您到底有没有兴趣呢？"

"有，有。"哈利回过神来，连忙说道，"请进。"

本来对百科全书毫无兴趣的哈利，经过销售员的提问，联系过去自己的种种尴尬情况，立刻有了兴趣。

通过以上案例，我们发现，人们往往对自己过往经历中痛苦的、难受的、

失败的事情印象最深刻,最能感同身受。顶级销售高手能够通过不断地刺激顾客的痛点来激发对方的购买欲望。

巧推荐策略二:焦点强化

什么是强化?强化的本质是重复。要学会焦点强化法,首先必须要达成以下三点共识。

共识1:对关键点进行强化、渲染、强调与推动

至少产品有一点是顾客最为看重、最为关心、最感兴趣的,因此,只要能找到这个关键点,顾客必然会100%与你成交。在沟通过程中,销售员要不断地围绕该关键点,进行强化、渲染、强调与推动。

共识2:用顾客自己的思想、观念和语言与之沟通

如果我们知道的,顾客都知道;我们赞同的,顾客都赞同;我们反对的,顾客都反对。那么,我们所说的每一句话,顾客都只能表示赞同。反之,如果销售员用顾客自己的思想、观念和语言与其沟通,顾客只能表示赞同,因为顾客不可能否定自己。

共识3:真正的异议无法根本解决,只能缓解

异议真的能够得到解决吗?真正的异议是无法得到根本解决的,异议只能得到缓解。当顾客真的有异议时,销售员无法从根本上解决异议,只能降低顾客的怀疑程度,原因在于顾客和销售员的利益在根本上是冲突的。尽管销售员所说的是真实的,但顾客站在自己的立场上思考问题,依然会表示怀疑,所以,异议无法得到彻底解决。

顶级销售高手会尽可能少地解决异议,而尽可能多地强化和放大对方对我们的兴趣点和关注点。

第十四章 · 智慧销售四式：巧推荐
巧舌如簧，字字如刀

○ **案例**

俗话说："仁者乐山，智者乐水。"我生长在长江边，所以我喜欢有水的地方，我认为，靠近水的地方都有灵性。我一直觉得北京气候太干燥了。我一直认为环境对一个人的影响非常大，所以我希望住的环境里至少有一点水，因此买房的时候我比较关注小区环境中水的因素。

有一天我收到一条推荐房子的短信，我一看房子的位置就很感兴趣。原来，这个楼盘靠近一个很大的公园，那个公园环境非常好，关键是公园里有一个很大、很漂亮的湖，我曾经在这个湖上划过船呢。从这个小区走到公园只有十分钟的路程，所以我觉得这个小区环境不错，尤其那个湖，我喜欢，于是我决定去看看。

来到售楼处，售楼小姐接待了我。我们聊了一会儿，这个售楼小姐知道我特别喜欢旁边公园里的大湖，于是便有了以下谈话：

售楼小姐说："胡先生，我带您去看一看我们的样板房吧。"

我说："可以啊，必须要看。"

于是，我们一起去看样板房。一进去，我就开始用挑剔的眼光寻找各种问题。我说："哎哟，你这个楼的层高矮了点啊，如果再高点就好了。"

那个售楼小姐看着我笑了笑说："胡先生，看来您对层高的要求确实比一般的人要高一点，不过您也知道我们这个地段稀缺，环境独特，关键是我们这里旁边有一个很大的湖啊。"

不曾想到售楼小姐会提到湖，当时一听到那个湖，我笑了，心里想："是啊，那个湖真不错，挺好的，别的地方没有啊。"

紧跟着胡老师又去看户型。看完户型，我就说："哎哟，你这个户型布置不怎么合理啊。"

那个售楼小姐又看着我笑了笑，说："胡先生，看来您对户型的要求比较高，不过您也知道我们这个地方受地形的限制，户型很难做到您想象的那么好。不过，胡先生，您也知道你到哪儿去找这么大一个湖啊。"

一提到湖，我就想："这个湖不错，太棒了。"

接着我们就去看厨房，一进去我就说："哎哟，你这个厨房面积有点小啊。"

那个售楼小姐又看着我，笑了笑说："胡先生，看来您还是个热爱生活的男人，如果您经常下厨，那以您的标准来说，可能是小一点。不过您也知道我们这个地段好，空气好，关键是我们这里旁边有一个很大的湖啊。"

又提到湖，我笑了笑说："嗯，那个湖真的不错。"

大家会发现，只要我指出那儿有问题，售楼小姐都会把话题转移到湖上。而一提到湖，我就不再关注其他问题了。最后，我就成功地被她忽悠，交了定金。交完定金，签完合同后，我对这个女孩子的销售技巧产生了兴趣。

我问她："我说什么，你都说湖，这招真的很厉害，你在哪儿学的？"

那个女孩子笑了笑，把合同收了起来，站起来，后退了一步，对我一鞠躬说："胡老师，你好。"

"你怎么知道我是老师？"我很惊讶地看她说。

"呵呵，胡老师，您可能不认识我，但我对您印象深刻，三年前，我听过您的课，这招就叫强化。"那个女孩子笑着说。

我真是无语了。

根据我的亲身经历，我们可以清楚地知道，销售过程中，好理由只需一个——只要这个理由对顾客来说足够重要，只要这个理由对顾客来说足够关键。无论顾客说什么，都要把话题转移到顾客最感兴趣的方面，最后的落脚点一定要在顾客最感兴趣的点上。

当然，不一定要原话这么说，只要说相同的意思就可以了。比如：顾客说款式好。不要每一次都说款式好，这样太生硬了，你可以说关键是设计独特，关键是看上去很舒服，关键是这个线条……只要是和顾客感兴趣的点相关的，都可以。

80%的成交都是冲动性成交行为。一个人永远没有办法被别人说服，只能被自己说服。只要销售员说的话，都是顾客脑海中所想的，都是顾客所赞同的观点，顾客就会被说服。销售员用顾客自己的语言、思想、偏好与顾客交谈，那么，顾客得出的唯一结论就是认同。

一切事物都是量变到质变的过程，其中的量变就是重复，不断强化。销售员一定要记住：相同的要强化，不同的要转化。

巧推荐策略三：讲故事

销售过程中，说话内容是否具有吸引力是销售员与顾客顺利沟通的决定因素。一般情况下，一大堆的大道理是不具备吸引力的，销售员和顾客之间的沟通也是如此。如果销售员讲得太多，只会让顾客反感。因此，销售员在销售过程中，最好能用讲故事的方式向顾客介绍产品。

○ 案例

上海的一家卫浴公司曾邀请我给公司的店长、销售员进行系统训练。训练开始前，我在几大卖场进行了店面调研。在走访终端的过程中，我发现了一个关于讲故事的非常好的案例。

一位30岁左右的年轻女士走进了一家卫浴店。

销售员："您好，欢迎光临××卫浴专卖店，我们是在中国市场做得最早、最好的外资品牌。"

> 很有新意的开场，有很强的吸引力，留住顾客的脚步首先需要留住顾客的心。

顾客："是吗，那我好好看看。"

销售员:"一般消费者都是要装修了,才开始了解家居建材产品,您可能之前没听过我们的品牌,不要紧,您知道2008年奥运会鸟巢那个场馆吧,里面用的都是我们的产品。"

> 运用举例关联大事件,一句话就把顾客的兴趣调动起来,而且立刻彰显了产品的特殊身份和地位,极大地增强了产品的价值影响力。

顾客:"鸟巢用的是你们家的产品,之前没注意,我还去鸟巢看过比赛呢。"

销售员:"是啊,提起鸟巢我们都知道,能把产品装进去的都不是一般品牌,因为鸟巢对质量和设计都有非常高的要求。"

顾客:"呵呵,那倒是。"

销售员:"今天过来看看什么产品?"

顾客:"主要是看看龙头,龙头这类东西每天都要用,我想买好一点的。以前家里龙头经常坏,不是断了,就是漏水,很烦人,现在想要质量好一点的。"

销售员:"嗯,我身边一个特别好的朋友就是因为装修问题导致了离婚呢。"

顾客:"啊,怎么回事啊?"

销售员:"当时我那个朋友图便宜买了一个质量不好的龙头,估计是小工厂做的,便宜但是质量不可靠,更谈不上设计和美观了。结果刚装上,就出问题了,夫妻之间开始互相抱怨,然后就开始吵架,结果越吵越厉害,最后就离了呗。"

> 讲故事一方面可以激发顾客回想辛酸的往事，另一方面，当顾客主动提及自己的辛酸往事时，店面销售员需要趁势追击，放大顾客的痛苦，同时告诉她，你的解决之道。机会出现在一瞬间，就看你抓不抓得住。

顾客："也是啊，这种事情最讨厌了，所以产品贵点没关系，值就行啊。"

销售员："您看的这款感觉怎么样？"

顾客："还不错，设计挺新颖的，挺好看的。"

销售员："呵呵，您看的这款是我们刚刚推出的最新款，这款设计是获得国际大奖的。"

顾客："是吧，这是谁啊，这不是陈鲁豫吗？"

销售员："对啊，陈鲁豫是我们产品的签约代言人，上次公司开年会，她还到场了呢！"

> 运用形象代言人来加强说服力，将代言人的影响力关联到产品的影响力。

顾客："她主持的节目不错，那这款产品还能优惠吗？"

销售员："来，这边请，我们坐会儿，我给您仔细介绍一下。"

顾客："好的。"

其实创造一个具有吸引力的故事并不是那么容易，它必须结合具体的销售环境，也就是说，同样的故事并不一定适合每一位顾客。讲故事的关键在于销售员所讲故事的时间、地点和具体内容必须适合顾客的特点、需求。

每一种产品都有自己的特性，如果销售员只是用大道理将产品的特性说出来，而不能将它与顾客的需求联系起来，就无法唤起顾客购买的欲望，这样的沟通几乎是没有作用的。讲故事的作用就在于让顾客觉得产品的特性与自己的需求是联系在一起的，通过听故事，顾客可以明确自己的需求，进而采取购买行为。

销售员用讲故事的方式与顾客进行交流，故事中的感情因素会引起顾客的共鸣，将这种感情因素与产品介绍有机地结合在一起，就可以形成强大的推动力，促进顾客购买产品。

围绕产品，有的放矢

讲故事应围绕产品，有的放矢，通过讲故事的方式将产品信息传达给顾客。在这个商品大爆炸的时代，越来越多的顾客不愿意把时间花费在了解商品信息上，谁能用最简单的方法将产品信息灌输到顾客的脑子里，谁就掌握了主动权。

通过想要满足需要

通常情况下，顾客在购买之前都是有计划的，也就是说，顾客的购买行为都是建立在需要的基础之上的，但是在真正购买的时候，受各种因素的影响，随意性增加，需要可能变成想要，也就有了欲望，从而决定购买。而讲故事正好可以将顾客的想要紧紧抓住，通过想要来满足顾客的需要。

用故事勾起顾客对产品的兴趣

顾客买产品时都需要一定的理由，而传统的讲道理式的销售方式是用冷冰冰的数字打动顾客。如今，顾客对于冷冰冰的数字几乎失去了兴趣，销售员需要用故事勾起顾客对产品的兴趣。

讲故事可以将顾客潜意识中的想法推进到意识层面，将顾客的需求不断具体化。讲故事使顾客不仅只受到商品外观的影响，更重要的是借助语言的影响力，使顾客变得感性。在顾客兴趣盎然时，购买的可能性就会大大增加。

巧推荐策略四：情景塑造

为什么顾客对你的产品介绍没有任何感觉，很大程度上可能是你的产品介绍太枯燥，与顾客之间没有产生心理互动，没有激发顾客的购买欲望，而情景塑造能有效激发顾客的购买欲望。

描绘美好图景，激发向往之情

所谓情景塑造，就是在销售沟通过程中，运用生动形象的语言给顾客描绘一幅使用产品后带来的美好图景，激发顾客的向往之情，达到有效刺激顾客购买欲望的方法。

情景塑造以心理体验为核心，通过心灵的对话和对生活情景的体验来达到销售目的。顾客不仅消费商品本身，更希望借助消费行为来表达和传递某种意义和信息，如自己的地位、身份、个性、品位等。销售员在运用情景塑造手段时，需要围绕顾客的这种核心诉求，用富有感染力的语言描绘出美好的图景，以便最大限度地满足顾客的心理体验要求。

○ 案例

有一次我和一个朋友从酒吧出来，酒吧门口有一个卖花的小姑娘，看到我们出来便迎了上来，对我的朋友说："先生，买朵玫瑰花吧。"

朋友问："多少钱呀？"

小姑娘："不贵，才20元一朵。先生您知道吗，女孩子都是喜欢玫瑰花的。送一朵玫瑰花给您的女朋友吧。您的女朋友接到这朵玫瑰花一定会非常高兴的，她肯定会扑到您的怀里，因为她会感觉到自己非常非常幸福，会感觉和您在一起是天底下最幸福的事。"

通过小女孩的一番情景塑造，朋友不由得想象着当他女朋友见到玫瑰花时的喜悦之情，从而激发了他的购买欲，买了小姑娘的玫瑰花。

○ 案例

在一家家具店里，一位顾客正在选床垫。

销售员："先生，您是否觉得躺在这张床上很舒服呢？"

顾客："还可以。"

销售员："先生，您可以想象一下，假如您躺在一张不舒服的床上，那跟让您躺在铺满石子的床上没什么两样。"

> 让顾客根据销售员的情景塑造想象那种不舒服的惨状，增加顾客的痛苦。

听了销售员的话，顾客躺在床上若有所思。

> 如果顾客没有反应，说明顾客心理可能正在想象。这时千万不要贸然打扰他，让他想想那种不舒服的惨状吧。

销售员："咱们品牌的这张床不仅美观大方，更重要的是床垫的设计符合人体工程学，躺在床上就像躺在按摩椅上一样舒服，能缓解一天的疲劳，使您拥有一夜高质量的睡眠，精神百倍地迎接新的一天。"

> 销售员引导顾客想象利益性的画面。

顾客:"那好,就这个吧!"

著名心理学者威廉·詹姆斯认为:"心理学最伟大的发现莫过于我们可以借由改变我们内在的世界而达到改变我们外在的世界。"而销售员需要特别关注的就是如何一步步激发顾客内心世界的想象力,刺激其购买欲望。

情景描述要做到使人身临其境

情景描述是指将顾客使用某类产品时的时间、地点、人物一一描绘,尤其是细节特征、感官体验、所思所想、情绪变化等,使顾客身临其境,感同身受,从而调动顾客的情感心理和购买欲望。

真正的销售是语言的艺术,考验的是你的沟通能力,即你是否能够巧妙地组织语言,发挥语言的无穷力量。对方没有心动,是因为你没有从心动的角度去想;对方不动情,是你没有从情感的角度去渲染;对方没有欲望,是因为你没有从欲望的角度去描述。

实战基本功——销售员的营销误区

据调查,由于销售员存在营销误区,没有合理运用销售方法,导致30%~50%的销售订单流失。许多企业在开展销售员培训时,往往强调大而全的培训方式,知识点太多,导致销售员无所适从。其实,提升销售员水平应从避免营销误区开始。

误区一:以自我为核心进行销售

在销售过程中,销售员从自身角度出发,企图操纵顾客,强迫顾客接受自己的想法,这是销售员常犯的错误。销售员必须转变自己的观念,在推荐产品时要以顾客为中心。

经典操作:以家居卖场为例,销售员应根据现场顾客需求,快速制订家居选购和配套方案,并告知顾客。销售员可以说:"先生,如果我是您,您知道我会怎么选择吗？"听到销售员这么说，显然顾客会接着问："您有何建议？"这时，销售员就可以以顾客的立场精确设计好建议和方案，协助顾客做出决定。

误区二：看不上小额订单

某些销售员总希望做大单，因此，当顾客购买产品金额较少时，他们的热情大大降低，而且，他们不善于应用整体配套的销售技巧，持续给顾客推荐产品。

经典操作：在与顾客成交后，销售员应持续推荐，千万不要误以为这样会给顾客施加压力。其实配套产品的推荐会让顾客感觉你提供的服务很周到。优秀的销售员是从每一个小额订单开始，逐渐让顾客感受你的专业服务，那么大单就水到渠成了。

误区三：抓不准顾客的利益点

销售员在介绍产品时，倾听顾客说话的时间短，推销产品的时间太长、太着急、话太多、缺乏针对性。事实上，在没有充分了解顾客的利益点时，大部分说辞都是无效的。

经典操作：找出顾客的利益点是成交的关键。大部分顾客选择购买产品除考虑品牌、款式、品位、风格外，重要的一点还在于价格。因此，为顾客提供优质的产品和省钱的购买方案，往往能打动顾客的心。销售员要把心中充满关爱的理念告诉顾客：合理的产品规划，可以降低不必要的产品购买，让我们与您共同制订购买方案，让我们一起降低购买费用，为您省钱。

误区四：产品解说缺乏吸引力

销售员介绍产品时，不能有效吸引顾客的注意力。解说产品时使用陈词滥调，比如"你知道，一分钱一分货""便宜没好货，好货不便宜"等，以为这样能增加顾客的信心，其实这样的话顾客已经听得太多，变得麻木了。

经典操作：销售员一定要记住，最好的说法出自顾客的口中。要多问顾客是否曾经买过什么比你的产品更贵的东西，然后问他结果是否满意，这样你能很快找到介绍产品的关键点。介绍产品有一个重要原则："多强调产品价值，少谈价格。"这个原则许多人都知道，但运用娴熟的人却很少。

大多数金牌销售员在进行产品解说时，会让顾客充分参与，细细体验产品的质感和舒适度，并大量运用"现代的""雅致的""畅销的""显著的""高品位的""艺术性的"等词，这些词汇有利于充分展示产品的价值，其重要性远远超出销售员的想象。销售员应熟练掌握艺术性介绍产品的三个技巧：讲故事、引用例证、形象描绘产品的好处。

误区五：说赢顾客就等于成交

销售的最终目的就是成交，而不是说赢顾客。许多销售员都认为说赢顾客才能赢得订单，其实有经验的销售员都懂得要赢得订单，小处不妨忍让，而不是说赢顾客，否则当你说赢顾客时，就是顾客离你渐渐远去时。

经典操作：每个顾客都有自己的想法，若想让顾客放弃所有的想法和立场，完全接受你的意见，会让顾客觉得很没面子。让顾客接受你的意见，同时又感到有面子的方法有两种：一是让顾客觉得一些决定都是由自己下的；二是在次要的方面让步，让顾客觉得他的意见及想法是正确的，也得到了你的尊重，他会觉得很有面子。

销售员既要用事实、逻辑的力量折服顾客的理智，也要用鲜明、生动、形象的语言来打动顾客的心。销售员要打动顾客的心，而不是顾客的脑袋，因为脑袋是智慧，心是感情。销售员要努力通过渲染产品氛围来打动顾客的心，从而激发顾客的购买欲望。

误区六：只顾去找新顾客，忽视回访老顾客

许多销售员认为销售成功的关键在于有好产品，与顾客交流、建立情感并不重要，他们宁愿花大量的时间去开发新顾客，却不肯花少量的时间维护老顾客。据统计，开发新顾客的成本是维护老顾客的6~8倍。成功的销售员重视维护老顾客，并扩充新顾客。

经典操作：要开拓顾客资源，必须新老顾客并进，对老顾客做好回访和跟踪是关键。许多商家每月都有售后服务回访日，优秀的销售员往往积极参与，

充分利用回访的时机加强与顾客的交流,从而得到顾客的推荐。建立顾客推荐系统是销量倍增的重要方法。

我曾在某省见过一位床垫专卖店的店长,每成交一个订单,都会为顾客建立一份详细的档案。10年来与她成交的顾客竟达到3万人,其中大部分都是通过顾客推荐来的。她利用休息时间和节假日上门回访、发短信等多种方法关怀顾客,而且她不忘向每一位推荐顾客的老朋友送上一份小礼物。她深情地说:"许多老顾客的名字我已经不记得了,但我对他们的热情依旧存在,就像在我们许多年前相识的那一刻……"

误区七:缺乏必胜的信心

很多销售员对自己没有信心,具体表现在对自己、对自己所在的公司、对自己销售的产品没有信心,他们害怕拒绝,为自己寻找退缩的理由,经常抱怨市场不景气,却从不反思自己。

经典操作:寻找榜样,并认真模仿。研究、模仿比你优秀的同行的行为和策略,并不断实施。

刻苦学习,勤加背诵。优秀的销售员也是专业顾问,应该熟悉产品专业知识、沟通与谈判技巧,特别是销售话术应结合场景,至少反复背诵600句。

销售员要设立销售目标,没有看到结果永不轻言放弃。养成写销售工作日记的习惯,对每天的得与失细细地总结。每天激励自己,给自己信心。

养成朗读习惯,对经典文章、话术多朗读,让自己的声音充满魅力。每天朗读1个小时,坚持3个月,你的思维和反应能力一定能超越同行。

认识自己的优势,突出自己的优势,发挥你的长处,让自己的信心倍增。

误区八:顾客觉得价格太高,让利促其成交

"你们的东西好是好,就是价格太高了",这句话是困扰许多销售员的一大难题。虽然很多销售书籍给出了解决方法,但销售员由于急于成交,往往抓不住要点,"一分钱一分货"的说法往往脱口而出,或试图通过让利留住顾客。

经典操作:事实上,对于价格问题,把握以下四个原则,就能让顾客觉得物有所值。

"化整为零"。在这些犹豫的顾客面前做好算术题，有助于缩小顾客心理上的价位落差。

让顾客买一个"不后悔"。从如何保证顾客买到产品后不后悔入手，进行产品解说。

让顾客感受到时尚元素的价值。时尚产品贵在设计，若出自名家之手则价格更高。面对挑剔价格的顾客，也可以通过凸显时尚元素的价值使其感觉物有所值。

让顾客认可优质的售后服务。售后服务能给顾客带来更大的实惠和利益，销售员应向顾客详细介绍售后服务包含的内容、有无售后服务的区别以及享受售后服务的心情。

☆ 天墨点评

营销就在于把普通的细节做到卓越，超出顾客的期望。在工作中，每位销售员应具备这样的观念：顾客可以拒绝我的产品、我的推销，但绝不会拒绝我的关怀。

语言是玉，越琢越美。

第十五章 智慧销售五式：破竞品
进退有度，顾客对你情有独钟

参考销售场景

其实你们和××牌子的产品看起来差不多，到底谁的好呢？

场景分析：顾客询问竞品怎么办

顾客在冰箱展示区，看来看去。

销售员非常热情地说："您好，欢迎光临！今天过来看看冰箱？"

男顾客："对，今天想买一台冰箱。"

销售员："来，这边请，想买什么样的冰箱呢？"

顾客看了看，皱了皱眉头，嘴里轻声咕噜着："你这儿怎么没××冰箱呢？"

> 当顾客明显倾向于购买竞争品牌的产品时，如果销售员口才运用到位，就能够赢得顾客，反之就会产生销售危机。

销售员："先生，您是想看看××冰箱是吧，其实我们家的冰箱也非常不错啊。"

第十五章·智慧销售五式：破竞品
进退有度，顾客对你情有独钟

> 销售员说服无力，不能给顾客以新意，顾客没有理由支持其观点。

销售员："××冰箱啊，我以前卖过，对它很了解。现在我们家不卖那个牌子的冰箱了。"

> 这句话话中有话，设置了一个很好的圈套，吸引顾客进一步了解下去。

顾客："我还是喜欢××冰箱。你以前是××冰箱的销售员，你觉得那个牌子的冰箱怎么样啊？"

销售员："呵呵，怎么说呢，它毕竟是我们的竞争对手，评价不好吧？"

顾客微笑着说："没关系的，我也就想多了解一点，我不会瞎说的。"

销售员："行，大哥，今天和你聊得不错，跟你也有缘。我就给你透露点吧。"

> 销售员能不能评价对手？当然能。但是怎么评价、评价什么、评价的效果如何就很有讲究了。

销售员："大哥，你说的那个××冰箱，散热不好，你知道吗？不知道吧，散热不好，耗电量就高啊，制冷效果不佳，那家伙，你哪是买冰箱啊，那简直就是买一个大火炉啊！"

> 揭短，当销售员用夸张的语言，大张旗鼓地揭对手的短，顾客会本能地抗拒。

顾客用怀疑的眼神看着销售员说："啊？是吗？！还有呢？"

销售员得意地说："对啊！我们同行都知道，那冰箱通电后声音还很大呢。"

顾客更吃惊了，问道："声音怎么大啊？"

销售员："就是制冷机声音太大啊，当你一通上电，那冰箱，就嗡，嗡，嗡……响个不停，大哥，看过《大话西游》吗？"

顾客："看过。"

销售员："比那片子中唐僧都让你烦的！"

> 这是典型的负面教材，小伙子脑子灵活、口才好，可是用错了地方，评价对手变成了攻击，陈述变成了谩骂。

顾客笑了笑说："小伙子，你也太夸张了，我家之前用的就是那个牌子的，没有你说的那么夸张啊。"

夫妻对视一笑，转身离开了。

销售员这才回过神来："别啊，大哥，还没看我们家的呢！"

结论

"杀敌一千，自损八百。"销售员的大忌就是当着顾客的面贬低竞争对手。无论顾客是否了解竞争对手的品牌，销售员贬低竞争对手的品牌，稍有不慎就会被顾客抓住把柄，并进行反击。

在销售沟通过程中，顾客一定是站在对立面与销售员进行沟通的，因为卖家和买家本质上存在着利益冲突。当顾客反击销售员时，就是销售员被动的时候，良好的氛围就会被破坏。在不好的气氛下，成交将变得非常困难。针对顾客主动提到的竞争对手的品牌，最好的处理方式就是冷处理，即不去评价，并快速把顾客关注的焦点转移到你所销售的品牌和产品上来。

攻心战之顾客心理分析——解码顾客的抉择心态

顾客每一次购物抉择的背后其实都是细微的心理活动过程。了解顾客的心理活动内容与轨迹将帮助销售员更好地了解顾客的需求，做出最合适的推荐，促进成交。

抉择心态一：货比三家

大部分顾客在购买商品时，一般都会货比三家，特别是在购买高价位商品时，顾客会更趋理性，即使销售员不主动去对比商品，顾客也会自己去对比商品。你会发现，选购了该商品的顾客在一段时间内还会继续关注他所买的商品是否超值，还会继续进行对比。

即使你销售的商品具有压倒性的市场优势，在推销商品的时候，也要善于运用对比，证明你要推销的商品的优点，打消顾客的疑虑。此外运用对比，还有助于准确把握顾客的购物需求。

在推销过程中，一定要有参照商品进行对比烘托。没有对比，顾客难以坚定地做出购买选择；没有对比，容易造成好坏没有标准。

在各大卖场，销售员若能运用卖场的商品进行对比烘托，商品推销必然事半功倍。

抉择心态二：先入为主

拥有这种心理的顾客通常会一味地固守自己的观念，即使有时候这些观念是不正确的。比如说，有些顾客总是认为上门推销的销售员是骗子，不能相信。假如你面对这样的顾客，不要与顾客争辩，要用实际行动说服顾客，如给顾客最大的优惠，让他们用最实惠的价格买到最想要的商品等。

想要征服有先入为主心理的顾客，销售员必须要有足够的耐心，不怕被打击，做好打"持久战"的准备。应该选择一种顾客认可的方式与其交流，这样，顾客才能充分表达自己的意见。也就是说，销售员先设法让顾客将先入为主的观念说出来，然后，针对这种观念，运用适当的方法，打消他们先入为主的观念，最终，使顾客用客观的态度与你沟通。面对这样的顾客，不能操之过急，因为有些观念在他们的脑海中已经根深蒂固，短暂的沟通是难以改变的。

抉择心态三：抢占先机，占领优势

有的顾客在有了购买需求后，在销售过程中喜欢发表意见，高谈阔论，一副先发制人的样子。其实顾客心里明白，自己无论怎样抢占先机，凭自己对产品的粗浅了解，是绝对不如一个专业销售员的。

通常情况下，销售员精彩的商品解说就可以击垮顾客的防线。对于顾客的态度，销售员大可不必理会，只要以真诚的态度去接近顾客，成交自然水到渠成。

抉择心态四：深入求证

顾客对某些商品信息不熟悉时，需要深入了解商品信息，需要深入求证一些问题。当遇到这类顾客时，销售员应当从产品的特点着手，谨慎地运用逻辑引导法，多方位举证、比较、分析，将产品的特性及优点全面向顾客展示。

但这类顾客一般不会轻易接受别人的观点，对于任何事情都不会当即表示认可，所以在销售过程中，销售员应当适当采取迂回战术。在向顾客展示产品时，态度要沉着，语言要恳切。对于顾客的困扰或者提出的问题，销售员需要拿出具有说服力的证据，使其信服。销售员的建议只有经过顾客理智的思考和分析，才有可能被接受，因此销售员要用精确的数据、恰到好处的说明、有力的事实来获得顾客的信赖。

破竞品三大策略

应对竞争对手的关键策略就是了解对手。只有充分了解竞争对手，才能找到有效的应对策略。经过长期研究和行业分析，我归纳出战胜竞争对手的三大制胜策略。

竞品有明显优势，应避其锋芒，展示自身产品的优势

当竞品有明显优势的时候，销售员要避开竞争对手的优势，针对竞争对手的不足，找到自身产品的优势，并向顾客充分展示。

○ 案例

一位顾客对卖冰箱的销售员说："我的冰箱放在客厅里，所以不想要噪音特别大的。××冰箱和你们的冰箱是同一类型、同一规格、同一层级，可是噪音却小很多，而且制冷速度也比你们的冰箱要快，看来还是××冰箱好些。"

销售员爽快地回答说："是的，您说的没错。我们的冰箱噪音是有点大，但仍在国家允许的范围内，不会影响您家人的健康。我们的冰箱虽然制冷速度慢了些，但耗电量却小了很多。另外，我们的冰箱冷藏室很大，最适合您这种工作繁忙的人。再说，我们的冰箱在价格上要比××冰箱便宜500元，保修期也比××冰箱要长一些，我们还可以免费上门维修。"结果，这位顾客很痛快地与之成交了。

> 当顾客向销售员讲述产品的短处时,销售员要准备一套完整的说辞,以此来应对顾客对产品不好的看法。销售员在面对产品的劣势时,用"省电、冷藏室大、价格便宜、保修期长、免费上门维修"五种长处巧妙地避开冰箱"制冷速度慢、噪音大"的短处。这样一比较,提高了自己所售冰箱的整体优势。

竞品有明显劣势,应高调出击,自信推荐

当竞品有明显劣势时,要高调推荐和宣传自身产品的长处,自信地用自身产品的优点去比较竞品的弱点,同时还要强调自身产品的优势正是顾客真正需要的。

○ **案例**

在一家化妆品店里,一位顾客因为价格问题正犹豫不决。此时销售员对顾客说:"以前我服务过一位顾客,她之前就是因为用了廉价的化妆品,结果造成皮肤过敏,整个脸都肿了,想想真是得不偿失。"

看了看顾客惊讶的反应,销售员接着说:"我们的化妆品虽然价格方面有点贵,但是是正规厂家生产的,通过国家质量检测,绝对的安全。虽说要多花点钱,但可以获得漂亮、安全、健康的保证呀!您说对不对?"

听了销售员的话,最后那位顾客果断地在她店里买了化妆品。

> 此案例的销售员以一种客观的态度，高调且自信、明确地表达了自己所售产品的优点，也提醒顾客不要贪图便宜去买那些廉价的化妆品。这样的说辞会让顾客觉得这位销售员很诚实，也会欣然接受销售员的建议，促成成交。

当双方不相伯仲，应合理定位，细致分析

当双方的产品不相伯仲时，销售员应区分不同的顾客需求，找到顾客的需求点与我方优势的共同之处，细致分析，进行合理定位和区分，建立竞争优势，并遵循以下原则：

首先，要做足功课，了解竞品的优劣，学会找到自己产品的优势来评价对方产品的弱点。

其次，不要过多谈论对手产品。要永远记住，你推销的是自己的产品，切记不要变成对手的第三方说客。

再次，不要批评，更不能攻击竞争对手的产品。批评、攻击竞争对手的产品非常不明智，必须坚决杜绝。

最后，销售员不仅要充分了解自己的产品，对竞争对手的产品也要充分了解。"知己知彼，方能百战不殆。"当竞争对手的产品与我们的产品不相上下时，我们要了解对方的优缺点，对我们的产品合理定位，针对我们的产品优势进行细致分析。

做到以上四点，就能轻松化解竞品的"威胁"，并在与顾客的沟通中产生强大的说服力，进一步促成成交。

破竞品三要诀

基于以上三种不同的竞争策略和竞争态势的分析,我们可以进一步提升、归纳出竞品比较的要诀。

塑造

塑造就是建立、树立和凸显产品的卖点和优势点,也称为彰显。一件普通的产品通过塑造,变得有价值。

想成为顶级销售员,必须要学会价值塑造。那么,如何进行价值塑造呢?

首先,找出卖点。对比竞品,如果有差异就要包装卖点,没有卖点创造卖点。

其次,进行顾客信任塑造,即建立快速获得顾客信任的途径。

最后,进行销售说辞改造,即随时把握或影响顾客的价值信念。

表 15-1 彰显实战四步策略

步骤		操作
第一步	熟悉产品优势	必须对自己所售产品的优势了如指掌,这样才清楚从什么优势着手进行价值塑造
第二步	树立产品高大上的形象	顾客最后是否购买我们的产品,很大程度上取决于他对产品的感觉。如果我们能塑造品牌和产品高大上的形象,就能彰显产品的无形价值
第三步	产品卖点塑造	围绕产品的卖点进行设计与讲解,彰显产品的独一无二与高品质
第四步	实际证明	运用第三方或者客观现实来彰显产品价值的真实性

成功塑造价值,可以带来三大好处:产品的销售价格提升 10%~50%,销售成交率提升 15% 以上,品牌美誉度大大提升。

你为顾客塑造多少价值,你就可以创造多少奇迹。价值的内涵并非只是体现在产品上,更多地体现在细节服务、需求创意、品牌信赖等方面,让顾客买得其所。

第十五章 · 智慧销售五式：破竞品
进退有度，顾客对你情有独钟

○ 案例

销售员非常热情地说："欢迎光临爱格地板专卖！您好，先生，我可以给您介绍一下地板的知识吗？"

顾客表情轻松："嗯，随便看看。"

销售员："先生，家里是计划装修吗？"

顾客："嗯，快了，下周开始装修，今天了解一下，听朋友说过你们的地板。"

销售员："看来先生听说过我们家的产品，爱格地板采用的是目前市场上最环保的爱格板材制造的，很多顾客点名要买我们家的产品呢。"

顾客边走边看，来到一款青藏印象的地板前面，一边摸一边看了一下标签。

顾客："这地板怎么800元一平方米，就一块地板怎么值这么多钱啊？"

销售员："先生，您眼光不错啊，一眼就挑中我们最高档的一款地板。这款地板如果只是看价格的话的确比一般的价位要高一些。不过您若了解它就会觉得这个价位其实不高。"

顾客半开玩笑地说："嗬，难道里面含金子了不成？"

销售员："呵呵，要是真的含有金子，来我们店里的就不是贵宾您了，那就是歹徒了。来，我给您介绍一下这款地板的独特之处。特点一呢，我们的首层板采用的是欧洲百年生长的榆木锯切而成。来，您看看，这就是榆木和纵向锯切方式，榆木坚硬耐磨，花纹漂亮，纵向锯切顺着木头的纹理，没有破坏木材的结构，而现在很多别的厂家用的是旋切方式。"

> 从独特选材和更好的工艺来增强产品的价值，这时顾客觉得产品贵的心理已经开始动摇。

顾客:"旋切?"

销售员:"旋切就是像削铅笔那样旋转切除板材,它破坏了木材的纹理结构。纵向锯切的工艺对木材要求高,成本自然也高出很多。其次,您刚才也用手摸了这块地板的表面,您看到,这块地板有漂亮的纹理,还有纯手工打磨出来的不规则的凹凸线。"

> 恰当的比喻,最大卖点的呈现也增强了产品高价的说服力。

顾客:"这线是纯手工打磨的?这么不规则,怎么打磨?"

销售员:"我们那些工艺师傅需要先用笔在木头上顺着纹理描线,然后用粗细不同的砂纸一点点打磨,最后才能形成现在看到的艺术感强烈的花纹。这个工序非常费人工,当然也极大地增加了这款板的艺术美感。您看,手工饺子就比机器做的饺子要贵,因为手工饺子的口感会更好啊。"

顾客:"嗯。"

> 运用了多种语言沟通技巧,如关联法、对比法等,增强了说服力,形成不可争辩的理由。

销售员:"其实我们家地板还有一个区别于其他品牌的非常明显的地方就是板芯,您看一下,这块地板中间板芯用的是纯松木。松木质地柔软、气味芳香、纯天然,是非常好的木材,而有些其他品牌用的是杂木。纯松木踩上去,感觉会舒服一些,并且品质肯定有保证。"

第十五章 · 智慧销售五式：破竞品
进退有度，顾客对你情有独钟

> 又是精彩的细节塑造，介绍中的细节描述越生动、越形象，就越能产生强大的说服力。

销售员："先生，像这样一款做工精细，用材一流，艺术感强，凝结了无数人心血的地板如果铺在您家里，不仅能够显示出您的装修品位与档次，您的朋友肯定也会很羡慕、很喜欢，这样的价位其实也不贵，对吧？"

顾客："不贵，不贵，还真不贵。"

> 有理有据，结论铿锵有力，此时顾客已经被征服，当然不会说"贵"。

参考话术

"您说的那个牌子的产品也是不错的，看来您选东西还是非常仔细的。我们的产品是……设计理念来源于……特点是……我们获得过……所以我对我们的产品很有信心。您这次购买××品类的产品有什么要求，我给您参谋参谋？"

拆解

拆解就是通过与竞品比较后，了解竞品的优劣，并针对竞品的弱点突出自身产品的优点，从而取得更大的成交优势。

拆解的方法是：确定顾客需求点＋对比双方产品＋针对对方弱点下手＋加强己方重要性。

○ 案例

在某卫浴品牌门店，一名40多岁的女性顾客正在选购产品。

销售员："怎么样，姐，觉得我们席玛产品怎么样？"

顾客："刚才我好像也看到了这种人造石的产品，感觉差不多，到底哪家好啊？"

销售员："您说得没错，市场上的确有其他品牌的玉晶石产品。不过，在这一点上，我们席玛绝对有足够的发言权。"

销售员："为什么啊？"

导购："席玛卫浴从成立之初，就一直在探索新材料的应用。经过长时间的开发和大量的资金投入，最后让我们成功开发出最好的真正的玉晶石产品。判定是否是真正的玉晶石产品，你只要掌握三大标准就可以了。"

顾客："哪些标准？"

销售员："标准一：线条细腻度。真正的玉晶石产品拥有陶瓷产品无法做到的工艺，能做出超越感官的细腻的线条。来，你到这边来，看看，我们的台盆，是不是细节处理非常好。而一般的玉晶石产品，因为投产时间短，技术还不成熟，往往只能做出型，无法做出神韵，所以一定要看细节。极致的细节处理，就带来极致的艺术效果。"

销售员："标准二：科学的致密度。来，你用手先摸一下，我们的台面，感觉是不是非常细腻、舒服，这不是一般材料，席玛专门采用了特种材料处理表面。来，你可以近一点好好看一下。"

销售员："标准三：整体协调性。席玛卫浴，从设计开始走的是整体设计的概念，充分考虑盆、五金、柜体以及其他的像坐便、浴缸的整体配套性。可以毫不夸张地说，我们是整体性最好的卫浴。所以你可以整体感受一下席玛的卫生间，是不是感觉线条的搭配都非常到位，色彩也很舒服，当然我们还有几十种色彩可供选择，非常人性化，使用也便利。"

销售员："席玛产品受到市场欢迎，所以就有一些品牌在模仿，还是那句话，一直在模仿，从未被超越，所以，如果你想购买玉晶石产品，选我们席玛卫浴，绝对不会错的。"

顾客："嗯，不错。"

销售员："其实席玛浴室柜，还有一个你根本看不到的特点。"

顾客："什么特点？来，你摸一下，在这个浴室柜下面，有专门的钢架结构，摸到了吧，它主要起到加固作用。你看我们的柜体非常结实、沉稳。可以这样说，在这个市场上，找不到第二个这样做的浴室柜。几乎每一个进店的消费者，都喜欢这样的设计。"

顾客："真是的，市场上的确没见过啊，真的很不错。"

> 通过建立自己的标准，区分与竞争对手的不同，从而获得了理想的销售沟通效果。

参考话术

"您说的那家品牌，我们还是非常了解的。尽管我们两家的产品看起来类似，不过，您要是认真看的话还是能看出很大的不同。我们可从以下几个方面来看：第一看材质……第二看做工……第三看……第四看……通过以上几点，你就能很轻松地找出关键点，也知道怎么选了。"

区分

当竞品与我们的产品不相上下时，销售员需要区分细节，找出更具优势的卖点，重点推荐，从而以小见大，以点带面，建立与众不同的优势。

区分的方法是：认可顾客＋区分细节（最好是更具优势的卖点）＋重点推荐＋以小见大。

○ 案例

销售员："怎么样，二位，这套家具还满意吧。"

女顾客若有所思，犹豫不决。

女顾客："这套产品的设计颜色和样式都还可以，就是觉得这个地方我不是很喜欢，好像别人家桌子不是这样的。"

销售员："您是不喜欢我们的手工划槽工艺吗？"

女顾客："反正不是特别喜欢这儿，你说呢？"女顾客说时，看着旁边的男顾客。

男顾客："嗯，你不喜欢，咱们再转转。"

导购："是这样的，二位，槟榔家具整体设计风格偏重于东南亚风格一些，手工划槽工艺是产品的一个风格体现，同时也增加了家具的美观和新颖感。如果我们按照您的要求把它做成平面的，我相信您肯定不喜欢。"

> 针对一个小小的设计，进行了充分地讲解和价值塑造，以小见大，区分讲解。

―――― 参考话术 ――――

"您说的那个牌子的产品也是不错的，看来您选东西还是非常仔细的。我们的产品和××产品看起来是有些相似，不过还是有差别的，例如这里这样就可以……您使用起来会更加便利。"

实战基本功——如何应对竞争对手

每一个销售员的周围都会有很多迫切想赢得顾客"芳心"的竞争对手，而我们要战胜竞争对手，只有尽全力赢得顾客的"芳心"才能取得成功。

销售员要相信自己、相信所销售的产品

在了解竞争对手之前销售员要先了解自己所售产品的优势，要对自己所售的产品有信心，相信自己所售的产品是同类产品中最好的。在销售领域有句话：销售首先是销售自己。因此不管在顾客面前如何介绍我们的产品是一流的、服务是一流的，如果顾客一看你的人，一听你的话便觉得你是外行，那销售过程还如何推进？

销售员是产品与顾客之间的重要桥梁，销售员应每天制定目标，然后全力以赴地去完成它。只有相信自己所售的产品，对自己有信心，才能在面对强敌时获得成功。

不断增强自己的竞争力

想要让自己在竞争中处于不败之地，就要不断加强自己的竞争力。首先，销售员要拥有丰富的知识。成功销售员的知识面、经验都特别丰富，这样在与顾客交谈时才能适时抓住机会，也会在无形中提高销售员自身的气质，在顾客面前树立专业顾问的形象，更值得顾客信赖。

不要贬低竞争对手

在销售过程中，必定会有顾客拿竞争对手跟我们做比较。此时此刻，千万不能为了突显自己而去贬低竞争对手，这样会给顾客留下不好的印象。因为贬低同行就等于贬低自己。而且，在某些时刻，贬低对手还可能会为竞争对手做免费宣传。即使竞争对手真的有问题，也不要轻易评价。可以针对竞争对手的软肋多方位展示自己的优点。

每个人都有自己的一套评价标准，顾客也一样，所以千万不要把竞争对手

踩在脚下来成就自己。这样做或许顾客还会认为你没有职业道德，对于接下来的销售也会产生很大的阻力。

竞争对手是自己最好的学习目标

我们的学习目标不一定局限于自己的前辈、同辈，其实最好的学习目标是竞争对手。但是并非每一个竞争对手都可以作为我们学习的目标，要选择一个合适的对手作为学习的目标，反之则会离自己的目标更远。

竞争对手选对了，可以为自己带来强劲的动力。很多成功人士就是把竞争对手作为自己的目标，击败一个又一个目标，最终达到巅峰。

此外，目标的选择也不可过于强大，要结合自身的竞争能力，量力而行。选择过强的竞争对手会打击自己的积极性，也会带来竞争风险。

第十六章　智慧销售六式：善引导
主动出击，牵着顾客鼻子走

参考销售场景

　　向顾客介绍产品的卖点和优势，可是顾客却觉得没什么或者无所谓。

场景分析：顾客会听你的吗

　　终端店面就如同战场，每天都在上演着各种各样的故事，我们热情介绍，顾客却冷漠以对。

情景一：

　　超市里，一位家庭妇女在微波炉专卖区挑选产品。

　　销售员："女士，请您看看这款微波炉，这是我们公司今年刚刚研制的一款机械式微波炉，它具有多档调控微波炉烹调火力的功能，既可以对普通的食物进行加热，也可以用来做烧烤，同时随机赠送的配件还有烧烤架以及转盘等用具，您随时就可以在家中烧烤。另外价格只有499元，性价比很高。此外电磁炉的保修期是……"

　　那位顾客没听完就离开了。

> 每个销售员都希望顾客对自己的产品感兴趣。只要顾客对产品产生兴趣，就会去了解和接近产品，就会增加进一步沟通的可能性。但是，当顾客没有继续听下去的打算时，销售员就要从自身找原因：或许是你对产品的介绍枯燥乏味，顾客没有继续听下去的欲望；或许是你没有抓住顾客最想听的内容，自然无法引起顾客的兴趣，产生购买欲望。

情景二：

销售员："在我们的报纸上登广告，一定会很快打开贵公司新产品的销路。"

顾客："你们的发行量是多少？"

销售员："每月一万七千份。"

顾客："那么少？"

销售员："可是我们增长很快，比如上个月就已经达到了一万九千份。"

顾客："那要花多少钱才能拥有一千名读者？"

销售员："两千三百元。"

顾客："不太值吧？"

情景三：

在某饮料公司的办公室里，一名广告公司的销售员在向饮料公司推销报纸广告。

销售员："在我们的报纸上登广告，一定会很快打开贵公司新产品的销路。"

顾客："你们的发行量是多少啊？"

销售员："发行量的多少是否重要呢？"

顾客："当然重要！发行量少，看的人就少。"
销售员："你希望什么人看到贵公司产品的广告？"
顾客："年龄在 30 ~ 45 岁的高收入人群。"
销售员："也就是说，读者的素质如何才是最重要的。"
顾客："可以这么说。"

结论

对于某些事情而言，并没有绝对的对，也没有绝对的错。一流高手能够提前预判顾客的思维方向，在迎合对方心理需要和情感需要的前提下，引导对方向有利于自己的方向转变，从而约束顾客思考的路径，引导讨论和沟通的范围，掌控整个流程和最后的结果。

攻心战之顾客心理分析——逆反心

抓住顾客心理，我们才能顺利推进销售过程。要抓住顾客的心理，先要分析顾客的心理。

心理动因

1．人性本我

人为什么采取行动？要么是本能，要么是基于理性的选择。但是，任何一个人做出一种行为的本源动力就是从有利于自己的角度出发。

2．王婆卖瓜

大部分人都是以小我为观察事情的角度。所以一般人都会认为自己的比别人的好。这就如同几乎所有的妈妈都会认为自己的孩子是最好的道理一样，销售员在出售产品时本能地会夸自己所售的产品。

○ 案例

销售员:"先生,您已经转过几家了吧,我们家是今年行业十大品牌之一呢,而且这套产品刚刚得到了设计金奖。"

顾客不屑地笑了笑说:"我去每家店,都跟我说自己的东西哪儿好,哪儿好,这不是'王婆卖瓜,自卖自夸'吗?"

销售员:"先生,您说得很对,您转了不止一家店,有可能都在'卖瓜',我也理解您的心情和想法,不过请您相信我,我们公司在北京市场已经做了十多年了,但在广告宣传方面,我们公司很少做,我们是靠顾客使用后的口碑来生存的。另外在北京我们的工程做得很多,各大小区都有我们的顾客,北京几十家店面每月的销售额在同行业中都名列前茅,如果'瓜不甜'怎么会有那么多销量呢?"

> 当顾客对销售员不信任时,首先要做的就是恢复顾客对销售员的信任。
>
> 顾客和你开玩笑,你就跟顾客开玩笑。在轻松的气氛中突出自己产品的优点,顾客更容易接受你的观点。

3. 懒得关心

当顾客没有需求,或者没有找到自己的兴奋点时,就会对销售员的介绍没有感觉、不感兴趣,就会懒得关心。顾客用心来看待某事,销售员就能得到用心的结果。

4. 讨厌说教

在销售过程中,一些销售员一味地向顾客灌输自己的观点,而且灌输的方式都偏于理论化,说的都是术语,顾客没有听下去的欲望,从而终止销售员的推销。

把逆反心理降到最低程度

基于以上的销售心理分析，可以推断此时此刻顾客有了逆反心理，销售员要做的就是如何把顾客的逆反心理降到最低程度。

降低逆反心理的关键在于引导。在与顾客沟通的过程中，影响对方、引导对方很重要，因为一个人是没办法被说服的，他只能被影响和引导。

1. 向顾客多提问题，少说陈述性的语句

如果销售员能够提前明确和预防那些导致顾客产生逆反心理的因素，就可以避免其负面影响。陈述是很容易引起逆反心理的，这是因为大多数的陈述通常都有一个明确的观点，很容易被顾客抓住并对此提出反对意见。例如当销售员对顾客说："这款产品，现在是最低价。"顾客可能会简单地答道："未必。"

2. 让顾客增强信任感

顾客总是本能地对销售员持谨慎态度。与顾客之间建立信任感是销售员在销售过程中的主要目标之一。顾客越相信销售员，越能降低销售失败的风险。信任感使得顾客与销售员的关系融洽，从而打开有效沟通的大门，大大减少顾客逆反心理的发生概率。

3. 激发顾客的好奇心

激发顾客的好奇心是与顾客进行有效沟通的最佳途径之一。有好奇心的顾客愿意更多地了解你的产品和服务。你会发现，当顾客开始产生好奇心的时候，气氛就会变得活跃起来。好奇心会使顾客更加投入，注意力更集中，甚至身体也会向你靠拢。

实战引导策略一：对象定位引导法

什么叫作对象定位

每一个人在社会上都处于一定的阶层，扮演着一定的角色。这就要求一个人的行为举止符合其所处阶层和身份的要求，这些要求潜移默化地影响着每一个人，并在销售过程中发挥着影响顾客决策的作用。一流的销售员善于利用这种要求来制约顾客，从而实现成交。

对象定位引导法的步骤

对象定位引导法通常遵循以下步骤：

步骤一：熟悉社会上一般阶层和角色的某种既定的行为规范和心理要求。

步骤二：分析沟通对象，找出对方所处的社会阶层或扮演的某种角色。

步骤三：用这个阶层或角色通用的行为规范与对方达成一致。

步骤四：引导对方思考当下的行为，促进对方与我们达成共识或成交。

○ 案例

销售员："大哥，刚才您说自己是纯爷们。"

顾客："那当然了，难道你觉得我不是纯爷们？"

销售员微笑着说："大哥，您当然是纯爷们了，您绝对有干大事、顶天立地的男子汉气概啊，不过爷们就得像个爷们的样子，您说呢？"

顾客点点头，表示赞同："嗯，是的，我喜欢干脆利落，最讨厌磨磨唧唧了。"

销售员："那么，大哥，只要我们家产品都合适，您肯定也不会老是不下订单吧？"

顾客笑了笑说："是的，只要产品和价格合适，我今天就能定。"

销售员："好的，那我们来看看您上次非常喜欢的那个系列。"

> 找到顾客认同并对我们有利的话题和内容，对后期的成交非常有利。顶级销售高手会在沟通过程中不断地试探和印证一些关键话题，然后不经意间将对自己有用的信息植入顾客的大脑中。该案例中，销售员很好地找到了对方对自己身份和气概的认同，然后巧妙地引导到销售的关键内容上，沟通过程生动、有趣、不讨人嫌。

第十六章 · 智慧销售六式：善引导
主动出击，牵着顾客鼻子走

参考话术

"先生，我们老百姓买东西一定关心产品的质量（款式、材质、售后……）是吧？那您选择我们就再正确不过了，因为……"

实战引导策略二：预先框式引导法

所谓预先框式引导法就是在销售沟通过程中提前将对成交有利的信息透露给顾客，或者提前化解顾客的担忧，从而使顾客无法抗拒，最终达成交易的一种成交方式。

○ 案例

小王正在整理货品的时候，进来一位20多岁的小伙子，小王放下手中的活就过去与顾客交流。交流中，小王得知顾客想周末去爬山，此时想买一双户外运动鞋，但小王只卖普通运动鞋，小王想让顾客买一双普通运动鞋。

小王是这样引导的："帅哥，出去爬山是个力气活，同时对鞋的要求也比较高，这一点您做得对，同时您应该也想到了，爬山过程中会消耗非常大的体力，鞋的轻便性也是非常重要的，您说对吗？"

顾客点了点头。

小王接着说："户外鞋很结实，耐磨同时防滑，这些优点同时也成了它的缺点，就是分量太重。对于经常锻炼的人，户外鞋这点重量不算什么，对于平时很少运动的人来说，爬山本身就是力气活，爬山途中累得有时腿都抬不起来了。上个月我和几位朋友爬山，快到山顶的时候，腿累得抬不起来，下山的时候感觉是拖着腿下去的，好几天才缓过来，所以对我们来说鞋更加轻便才是首选，您说呢？"

顾客说："也对。"

小王接着说:"户外鞋防滑,这里好几款运动鞋也采用了防滑鞋底,防滑效果非常好,在爬山时如果遇到雨天,也会照顾好您的安全。耐磨性是户外鞋的特色,同时您也知道,专业户外训练的人经常性地爬山或野外运动,所以鞋的耐磨性对于这些人来说非常必要,但对于我们来说,一般是偶尔周末朋友聚在一起爬爬山,娱乐一下而已,所以运动鞋已经足够满足我们的需求了。同时运动鞋在周末休闲或散步时更适合穿。运动鞋花一次钱,可以在不同的场合穿,非常超值,您说呢?这里有几个款式能满足您的要求,您喜欢时尚一点的还是运动一点的……"

> 顾客在买东西的时候有时比较简单,没有过多地考虑商品具备多少因素或满足多少条件再买。案例中顾客也许就是很简单地想去爬山该买双户外运动鞋,其他因素未必考虑过。优秀的销售员善于利用顾客没有想到的生活中的推理来引导顾客的思维。站在顾客的角度考虑得越多,给顾客可行的解决方案越贴近生活,顾客改变想法的概率就会越大,顾客在内心会问自己:为什么我就没有想到这些呢?

参考话术

"选择一款质量好的沙发,产品的选材是非常的重要,您觉得呢?"

"您选择产品主要是看中质量还是款式呢?"

"您选择床垫类产品的时候一定得注意……等方面,否则会给您带来很大的麻烦,您说对吗?"

实战引导策略三：好奇追问引导法

销售员故意透露一些有趣的信息，引起顾客的好奇，从而追问，就掌握了引导顾客的主动权。销售过程中主动向顾客介绍和推荐我们的产品，顾客不一定感兴趣，可以变化一种方式，引起顾客的好奇和追问，这样顾客就会更加用心倾听我们的介绍，更容易与我们成交。

○ 案例

某装修公司门店，一位店员看着两位男士在聊天，于是他逐渐走近这两位男士，微笑着说："两位大哥，看你们转了大半天了，可是没进我们店，要不到我们店坐坐，歇歇脚？"

两位男士跟着这位销售员来到了店里。

销售员："两位大哥，这边坐会儿。小王，给两位先生来两杯咖啡，雀巢的啊。"

店员将咖啡放在桌子上，顾客的朋友靠在椅子上，拿起杯子开始喝，而顾客却半坐在椅子上，看着咖啡发呆，用舌头舔舔嘴唇，不喝。

销售员笑了笑说："两位大哥，来了就是缘分，能不能合作没关系，最重要的是交个朋友。"

顾客听完，松了一口气，背往后一靠，拿起咖啡就喝了一大口。

> 听了销售员的话之后，顾客的紧张感以及对销售员的不信任感降低，为之后的销售做好铺垫。

销售员："两位大哥，转了几天了？"

顾客："快三天了。"

销售员："累不累啊？"

顾客："累啊。"

销售员："那有没有找到合适的公司啊？"

顾客："没有啊。"

销售员笑了笑说："这样的话，两位再找一段时间也未必能找到合适的公司。"

> 通过几次询问，基本了解了顾客的情况，然后以专业顾问的语气让顾客觉得销售员是真心为自己考虑。

一听这话，顾客很紧张，坐直了腰身。

顾客："为什么啊？"

销售员："两位大哥想想看，你们才转三天能对我们行业有多少了解啊！我们干这个行业少则两三年，多则七八年，装修这个事情说简单也简单，说复杂还真有点复杂。比如说，在装修过程中，由于业主不懂行，糊里糊涂地就掉进陷阱里了。"

顾客瞪着眼睛问："那怎么办呢？"

> 顾客由之前对销售员的不信任到现在通过销售员的顾问式引导，思路已经完全被销售员牵着走了。

销售员微微一笑说："其实也不用担心，只要把装修过程中要避免的八大陷阱都注意到了，也就没什么问题了。"

顾客："陷阱，哪八大陷阱啊？"

销售员："大哥，通过跟您聊天感觉很投缘，我就告诉您吧。这

第十六章 · 智慧销售六式：善引导
主动出击，牵着顾客鼻子走

八大陷阱是……"

之后，顾客在这个销售员这儿下了订单。

---- 参考话术 ----

第一阶段："您购买一款产品一定非常注意××方面，对吧？"（等顾客回应。）

第二阶段："是的，很多消费者也都非常关心这个问题，他们当中很多人都选择了我们的产品，您知道为什么吗？"（等顾客回应。）

第三阶段："那是因为……"

实战基本功——引导方法与技巧

通常，引导可以分为正面引导和反面引导。

正面引导

所谓正面引导，就是销售员从激发顾客的正面思维和感觉的立场出发，在沟通引导中让顾客想到的是美好、利益、收获、兴奋等。销售沟通过程中可以从以下五个方面来引导顾客体验产品。

1. 看

买产品首先要看产品资质证明、材质类型，看产品各部分功能是否能满足需要、用材是否考究等等。

2. 闻

如果是家具产品，那么我们就要直接打开柜门或者抽屉，鼓励顾客把头凑近，闻闻有没有刺鼻的气味，眼睛是否感到刺激，而且还要告诉顾客如果有刺鼻的气味，则说明甲醛含量超标，这种家具最好不要买。

3. 敲

销售员要引导并鼓励顾客敲敲产品，查听材料的声音，与此同时要教顾客如何通过声音来辨别产品的好坏。

4. 拉

可以主动鼓励顾客去拉一拉产品，比如门、衣柜等产品，看看五金件是否转动自如，轨道是否顺滑，以此来让顾客亲身验证产品的质量。

5. 摸

引导顾客摸一摸产品，让顾客感觉产品表面是否光洁等等。

○ 案例

全世界最伟大的推销员乔·吉拉德所在的汽车展厅又迎来了一位顾客。经过沟通和了解，乔·吉拉德向他推荐了一款合适的车型。那位顾客看着崭新的汽车，左转转，右转转，好像非常喜欢。

"先生，您可以坐上去试试。"乔·吉拉德说。

"是吗？你们对面的福特车行，每款车上都写着'请勿触摸'的字，真的可以试试吗？"顾客问道。

乔·吉拉德："当然可以。"

这位顾客坐在驾驶座上，握住方向盘，触摸操作一番，从车里出来，说："不错，新车的感觉真好。"

乔·吉拉德："那您决定买这辆车吗？"

顾客："哦，我得再考虑考虑。"

乔·吉拉德："尊敬的先生，您一定还不知道这辆车驾驶起来有多么舒服，您想把它开回家体验一下吗？"

"真的吗？这太不可思议了。"顾客惊喜地说。

最终，这位顾客决定购买乔·吉拉德出售的车，因为他把车开回家后，他的家人、邻居和朋友对这辆车都赞不绝口，这让他感到很满足，于是他马上决定购买。

> 每个人都喜欢亲自接触、操作，都有好奇心。不论销售的是什么产品，如果都能想方设法展示产品，并让顾客亲身体验，就能够吸引他们，从而有更大的可能性将产品销售出去。

反面引导

不过，有时候销售员热情地邀请顾客体验产品，顾客不接受，拒绝体验，此时正面引导就失去了作用，应该进行反面引导。

所谓反面引导，就是销售员从激发人的负向思维和痛苦感觉的立场出发，在沟通引导中让对方想到的是难受、痛苦、厌恶、逃离等。

○ 案例

销售员："我想您非常关心您家人的健康和安全，您不愿意购买，也许是我为您介绍的险种不适合您，您可能更适合购买这种29天保险。"

顾客："29天保险？"

销售员："这种保险与我刚才为您介绍的那种保险的金额相同，期满之后退还的金额也相同，不过这种保险只需要缴纳正常保险金额的50%。"

顾客："这么优惠，那它有什么特别条款吗？"

销售员："嗯，这种29天保险，是指您每个月的受保时间是29天。也许其余的一两天您会在家里，但是相关统计数据显示，在家中出现的人身危害也不少。"

顾客很惊讶："真的吗？"

销售员："实在对不起，请您原谅我。这种保险对您和您的家庭来说是很不负责任的，也许您会想，如果恰巧在不受保障的一两天里出了意外怎么办？"

顾客："是的，这种保险不能买，为什么要出这种保险呢？"

销售员："先生，这种保险方式目前在我们公司内部也存在分歧，我是不会推荐您购买的。相比之下我最初为您推荐的那款保险，您觉得怎么样？"

顾客："那个还可以，至少随时可以受到保障。"

销售员："先生您希望您以及您的家人每时每刻都能享受到安全的保障，那么您考虑一下我最初提出的那套保险方案怎么样？"

顾客："好吧，那我就买你开始给我介绍的那款保险吧。"

> 反面引导也是一种有效打动顾客的方式。当顾客感到有可能失去某种利益或是受到某种威胁时，就会在最短的时间内做出决定，以摆脱心中的不安感。只要销售员找准顾客担心的关键点，并辅以正确的沟通方式，通常都能让顾客做出购买决定。

总之，作为销售员，一定要有意识地从各个方面鼓励、引导顾客在细节之处体验产品，并辅以利害关系说明。顾客最后往往对这样的产品更容易接受，哪怕它的价格比竞品高一些也无妨。

第十七章 智慧销售七式：解异议
有理有利，求同存异

参考销售场景

品牌不够大，产品不够好，价格有点贵，我不太满意。

场景分析：顾客总是有异议

一位年轻女士来到××木门专卖店。

销售员："您好，今天过来看看门？最近，我们有不少新品上市，还有优惠政策，都非常不错，我给您介绍一下。"

顾客冷冷地答道："门看上去都一个样儿。"

销售员："是啊，如果从模样来说，基本上也就四方的、圆的几种，如果从材料、设计和处理工艺来说门还是不一样的。"

顾客："我看了一些国外的品牌，好像没听说过啊。"

销售员："我们可要支持国货啊。其实你觉得洋品牌比国产好一些我也能理解，他们广告宣传、推广以及创新上值得我们学习。不过像室内木门这类定制化生产工艺很复杂，其实在产品的技术和质量上，我们与洋品牌差距很小。中国是制造大国，很多国外品牌其实都是国内生产的，然后贴牌而已，但是价格却贵很多。其实，外国的月亮也不一定比中国的圆啊。"

> 品牌异议上处理得有理有节，具有很强的说服力，能激发顾客的思考，一定程度上动摇了顾客固有的想法。

顾客："嗯，那你们有没有艺术感强，性价比又高的？"顾客说话语气缓慢，声音较轻，同时向前走到一款门前。

销售员微笑着说："您看这款门最大的特点是保留了木材本身的纹理，自然真彩，艺术气息浓厚，用材规整，沉稳大气。我们派人到您家里实地测量，然后给您制作，价格也适中，每扇门3600元。"

顾客看了看门，低声自言自语："这个颜色有点嫩，放在家里不大好吧。"

销售员："小姐您也知道，现在生活节奏快，压力大，工作紧张，我们回到家里主要是放松和休闲的，年轻人还是比较喜欢颜色略浅一点，浅色更能体现年轻气息、青春活力，如果您家装修风格确定是现代简洁的，那么这款门的颜色很合适。"

> 作为销售员一定要换位思考，站在顾客的立场和利益的角度来思考问题和处理问题，就能获得顾客的认同和理解。

顾客："嗯，太深的颜色，我还真是不太喜欢。可这款产品没觉得比别家的便宜啊。"

销售员："请问您刚才看的是什么品牌？我帮您分析一下。"

顾客："你卖这个，你肯定知道哪些品牌比你们便宜。"

销售员："您说得很对，TATA木门的确要比一般的品牌要贵一点。

这是因为我们在设计和用材上还是很讲究的,而且我们能做到五年质保,一般品牌只有两年左右。很多像您这样生活有品位的粉领女士,都很喜欢它,觉得它沉稳中透露出个性,温馨中又有新意。这扇门肯定能让您的家更有家的感觉。"

顾客笑笑说:"你真能说,辽宁铁岭的?"

销售员:"哈哈,您真能开玩笑,铁岭的我就演二人转去了,关键是我们这款产品真的非常好啊。"

顾客:"嗯,可是这个结挺大。"顾客边说边用手摸门上的结。

销售员:"这个门是纯木制作,天然板材肯定就会有结的,正是这个结表明了它的身份,也增强了门的艺术感染力。我相信如果没有这些结估计您就不喜欢了。"

> 销售员应把握时机、主动出击、自信推荐,化不利为有利,因为你的态度能影响顾客的行为。

顾客犹豫地问:"那现在你们有优惠活动吗?"

销售员:"您可以参加我们3月8号全国签售活动,活动优惠政策是8.8折。"

顾客:"哪还有段时间啊?"

销售员:"没关系,现在交定金,我们的制作周期是一个月,所以你可以提前享受这个优惠政策的。"

顾客:"好吧,那我们详细谈谈。"

结论

异议处理能力是判断店面销售员能力的关键指标之一。销售沟通过程中,销售员需要不断地处理顾客的不理解,甚至是异议。销售员的关键作用和核心价值体现在对异议的处理上。处理好了，顾客高兴，顺势成交；处理不好，顾客生气，成交无望。

攻心战之顾客心理分析——异议心

在销售沟通过程中，几乎每一个销售员在接待顾客时都会遇到顾客异议。为了更好地处理顾客异议，我们首先来分析一下此时此刻顾客的心理活动和思维指向。

心理活动一：追求物美价廉

当销售员在介绍完产品后，顾客丢给销售员一句话："××牌子（竞品）的东西跟你们家差不多，但在价格上比你们家便宜多了。"这说明顾客已经把我们的产品与竞争对手的产品进行了简单对比，但在价格上产生了追求物美价廉的心理。遇到这种情况销售员该怎么处理呢？如表17-1所示为物美价廉异议的处理方式。

表17-1 物美价廉异议的处理方式

异议： ××牌子（竞品）的东西跟你家差不多，但在价格上比你们家便宜多了	
错误的处理方式	正确的处理方式
错误回答： 大体上来说，是这样的 分析： 当你这么说的时候，听上去好像是在承认同样的商品我们卖得确实比别人贵。这样的印象一旦产生，是很难被纠正的	是这样的，我们的产品跟××品牌的档次及消费群体确实差不多，所以很多顾客也在这两个品牌间做比较。虽然我们在价格上确实比您刚才说的那个品牌高一点，不过最后还是有很多顾客选择我们，他们最终看重的是我们的产品具有（阐述差异性、利益点）……小姐，仅凭我说不行，来，您来看看我们的效果图就知道了……

（续表）

错误的处理方式	正确的处理方式
错误回答： 差别不大，就那一两百块钱 分析： 当顾客对同类型产品产生价格异议的时候，千万不要再纠结于价格，而是要找机会介绍产品的卖点	是的，因为我们两个品牌在风格以及价位上都比较接近，所以很多顾客都问过类似的问题。其实从风格和款式上来看确实二者差不多，价格也只是一点点的差异，但大多数在比较之后选择我们产品的顾客都是因为（加上卖点、差异点）……因为更多的顾客希望（加上诱人的亮点）……
错误回答： 我们比他们质量好，做工也讲究 分析： 在同行业竞争中，免不了顾客进行比较，当顾客拿我们与竞争对手比较的时候，一定不要去抨击竞争对手，这样会给顾客带来不和谐的购物体验	

★ 天墨点评

　　找到你销售的产品的优势并充分表达，比如奔驰汽车的销售员决不会因为价格高而自暴自弃。

心理活动二：缺乏信任

当顾客对产品细细观察后说："你们的产品做工好粗糙啊，这儿都有问题了。"或者说："这套产品的设计式样、颜色我都满意，就是觉得这部分的材料不怎样。"当顾客怀疑产品的质量时，说明销售员与顾客之间没有建立一定程度的信任。只有让顾客足够信任销售员，信任其所售的产品，成交概率才会大大增加。

如表 17-2 和表 17-3 所示为两种缺乏信任异议的处理方式。

表 17-2　第一种缺乏信任异议的处理方式

异议：
你们的产品做工好粗糙啊，这儿都有问题了

错误的处理方式	正确的处理方式
错误回答： 先生，这种小问题任何品牌都是难免的 分析： 顾客来买东西，就是要买品质、买心理舒服，如果销售员这么说就代表你所售的东西和其他品牌的东西是一样的，那顾客为什么还非要买你所售的产品呢	由于我的工作疏忽，陈列货品时没有发现这个细节，真的不好意思了，谢谢您告诉我这个情况。这种风格的产品卖得好，这个样品已经陈列了很久，客人接触得也多，难免有些磨损，我们这几天正准备换新的呢。您放心，我们厂家对工艺的要求非常严格，新货的质量都有保证，您看我们这套产品（引导顾客体验其他货品）……
错误回答： 现在的东西都是这样，处理一下就好 分析： 面对产品的小瑕疵，如果简单地处理，难免会给顾客留下产品质量不可靠的印象，更会让顾客对产品的售后服务产生怀疑	谢谢您告诉我这个情况，我之前都没有发现这个问题，可能是产品在运输过程中有点磨损，我会马上跟公司反映，调换一套新的，真是谢谢您啦。我们厂家的制作工艺要求非常严格，出现这种情况的概率非常小，还被您看到了，真是不好意思啊……您看看这款……
错误回答： 哦，这只是样品，没事的，送货的产品跟这个不一样 分析： 这样说可能会暂时打消顾客的疑虑。但是遇到这样的情况，应该变被动为主动，将产品品质向顾客做进一步地阐述，效果会更好。另一方面，产品在运输和安装过程中难免会出现问题，如果说话不留余地，难免会为以后的问题处理带来麻烦	

第十七章 · 智慧销售七式：解异议
有理有利，求同存异

表17-3 第二种缺乏信任异议的处理方式

异议： 这套产品的设计式样、颜色我都满意，就是觉得这部分的材料不怎么样	
错误的处理方式	正确的处理方式
错误回答： 哎呀，不要紧。这世上哪有十全十美的东西呢，再说这个部分也不经常用，没事的 分析： 顾客都希望买到物美价廉的产品，不要给顾客留下纵容自家产品瑕疵的印象。即使产品有瑕疵，也要尽力寻找有说服力的理由，或用完善的售后服务进行弥补，这样顾客才会对品牌产生信赖感	请问小姐，您觉得我们这种材料是什么地方让您感觉不好呢？（鼓励顾客说出来） 小姐，您真的很细心，这么细小的地方都能观察到。其实我们的设计师是考虑到整套产品的协调性，这个部分主要是起装饰作用，所以在此处采取了更适合做装饰的材料，这样就保证了产品的整体效果，这种材料的优点是（从材料或是设计角度沟通）……
	小姐，您真是好眼光。我正想对您说呢，这种材料虽然看起来很一般，但是它采用的是……工艺，非常耐用，而且，防水性非常好，非常实用。许多顾客买了这件产品放在家里，都感觉非常好。来，您家采用的是……

★ 天墨点评

承认错误是一种大智慧。在承认错误的同时寻找容易被顾客接受的理由，使问题简化。

心理活动三：心理落差

当顾客对销售员说："你们这个品牌不太有名，我从来都没听说过，是新出的吗？"当顾客在意我们的品牌在这个行业是否是"新人"的时候，说明顾客是有虚荣心的，在对产品质量提出要求的同时，也对产品的品牌知名度提出了要求。如表17-4所示为心理落差异议的处理方式。

表 17-4　心里落差异议的处理方式

异议：	
你们这个品牌不太有名，我从来都没听说过，是新出的吗	
错误的处理方式	**正确的处理方式**
错误回答： 不是呀！我们品牌好几年了是吗？我们在这个行业很有名的 分析： 不要简单地反驳顾客的质疑，要举出具体例证，这样更加有说服力	哦，真是遗憾，看来我们在品牌推广方面的工作做得还不到位。不过没关系，今天刚好您来了，可以先了解一下我们产品的卓越品质，来，我帮您简单介绍一下吧（简单自信的介绍产品的卖点）……最近我们有几款产品在做活动，并且也卖得非常好，您可以先了解一下，来这边请（转到引导顾客体验产品上）……
	哎呀，真不好意思，我们的工作没做好，这我们得检讨。幸亏今天有机会向您介绍一下我们的产品，我们品牌已经有××年了，主要的顾客……主要风格……我们的特色是……小姐，我们最近出了几款新产品，我认为值得向您推荐一下。来，小姐，这边请（转到引导顾客体验产品特点上）……
错误回答： 我们正在许多媒体上做广告 分析： 媒体广告只是印证实力的一方面，如果用不好，反而会给顾客造成拉大旗作虎皮的印象。因此不要只是单纯地告诉顾客广告上的投入，而是着重于向顾客介绍产品品牌的积淀	呵呵，您对××行业真是了解。我们品牌其实做的时间也不短了，只不过今年年初公司才决定进入这个区域，所以以后还需要您多多捧场、多多照顾呀。我们品牌的主要风格是……请问您家装修风格是？看这边，样式多，我相信一定会有适合您家设计风格的。小姐，这边请（转到产品介绍上）……
	对不起，这是我们的工作没做好，不过没关系，现在刚好有这个机会向您简单介绍一下我们的产品，我们（转向简单、自信地介绍产品的特点，只要顾客愿意听你说话，就迅速向顾客提问，以引导顾客回答问题）……先生，请问您家里的装修做到什么阶段了？您的客厅面积多大？您卧室的光线如何？

★ 天墨点评

　　承认自己所售产品的瑕疵是一种智慧，聪明的销售员能将产品的缺点变成推销的转折点。

心理活动四：寻求保障

当销售过程进行到一定阶段，顾客问"你们的售后服务怎么样"的时候，说明只要销售员的回答令顾客满意，那么这笔订单就可以成交了。销售员如何才能在这个问题上抓住顾客的心呢？如表17-5所示为寻求保障异议的处理方式。

表17-5　寻求保障异议的处理方式

异议：你们的售后服务怎么样	
错误的处理方式	正确的处理方式
错误回答： 您放心。我们的售后服务绝对是一流的，我们的售后服务体系通过了ISO9000认证，我们公司的服务宗旨就是顾客至上 分析： 销售员的回答流畅，似乎也无懈可击，可是顾客没有兴趣听这样的回答	先生（小姐），我很理解您对售后服务的关心，毕竟这可不是一个小的决策。那么您所指的售后服务是哪方面（引导顾客说出自己的顾虑）……您担心的问题，我们售后服务……完全可以解决您的后顾之忧
错误回答： 您尽管放心，我们的服务承诺是一天之内无条件退货，一周之内无条件换货，一个月之内无条件保修 分析： 销售员把对话的焦点放在自己身上而并不是顾客身上，没有弄清楚顾客问这一问题的真正目的	先生（小姐），我很理解您对这方面的关心。我们的产品（介绍产品的优势）……当然，任何事情都有万一，出了问题的话您也不用担心。这是我们的承诺：从您购买之日起一年之内免费保修，还提供24小时免费上门服务，您觉得怎么样

★ 天墨点评

销售员没有直接回答顾客提出的问题，而是采用提问的方式让顾客说出心中所想，同时也让顾客感到了被尊重，从而轻松化解顾客的疑虑。

实战策略——转化

异议的类型

顾客对购买产品产生异议,是购买过程中必然会发生的事情。有效地化解异议,首先要区分异议的类型(见表17-6),以便对症下药,提高成功率。

表17-6 异议的类型

异议的类型	表现特征	应对方法
沉默型	顾客在产品介绍的整个过程中,一直非常沉默,甚至态度有些冷漠	多问顾客一些开放式的问题,引导顾客多谈谈自己的想法。当顾客开口说话的时候,他就会将注意力集中在产品上。要鼓励顾客多说话,多问他对产品的看法和意见
借口型	顾客会告诉你"你的价格太贵了""好吧,我再考虑考虑""我回家商量一下"等等	用友好的态度对顾客说:"您提出的这些问题,我知道非常重要,待会儿,我们可以专门讨论。现在我想先用几分钟时间来介绍一下我们产品的特色,为什么您应该购买我们的产品,而不是购买其他品牌的产品。"使用类似的话语,将顾客的这些借口型异议先搁置一旁,把他们的注意力转移到其他感兴趣的因素上,多数情况下这些借口自然就会消失
批评型	顾客会以负面的方式批评你的产品或公司。说你的产品质量不好,服务不好	首先你要判断顾客对于这种批评型的异议是真的关心还是随口提一提。假如是真的关心,你应该告诉他:"先生,我不知道您是从哪儿听来的这些消息,同时我也能够理解您对这些事情的担心……"接下来再介绍目前产品的质量和服务都进行了改善和提高,并且获得了××认证。假如顾客只是随口提一下,也需要解决顾客的问题,打消顾客疑虑,坚定顾客信心,让顾客认为买我们的产品物超所值
问题型	顾客会提出各种各样的问题来考验你,有时提出的问题会让你无法回答	首先要对顾客的问题表示认可及欢迎,你可以说:"我非常高兴您能提出这样的问题,这也表示您对我们的产品真的很感兴趣。"接下来你就可以开始回答顾客的问题。在处理问题型异议时,你对产品必须有充分的了解

（续表）

异议的类型	表现特征	应对方法
主观型	顾客对你个人有所不满，对你的态度不是非常友善	通常这表示你的亲和力太差了，你要做的是赶快建立亲和力，少说话，多发问，多请教，让顾客多谈谈自己的看法
价格异议	不论你的产品价格多么具有竞争力，顾客都认为太贵了	不要在一开始介绍产品的时候就告诉顾客价格，而应在最后时刻再谈产品的价格；做产品介绍时永远把顾客的注意力放在他能获得哪些利益上；将价格分解，不要直接告诉顾客产品值多少钱，而应该把产品价格拆解；将产品与一些更贵的东西进行比较

异议处理终极法宝：转化

事实上，异议不能得到根本解决，只能进行观念的转化。因此销售员要善于根据对方的视角，引导其向有利我方的观念转化，从而转移异议的焦点，获得顾客的兴奋点。

○ 案例

一个开路虎汽车4s店的朋友给我打电话，说他经别人介绍认识了一个大老板李总，但也只有一面之缘。当时了解到李总最近要换车，我的朋友从侧面打听到他要么换宝马车，要么换奔驰车，可是我的朋友特别希望他能够买路虎，于是让我给他支招。

我让这个朋友请李总喝茶。经过朋友的精心安排，我、我的朋友和李总三个人来到一个地方喝茶。喝着，喝着，我们就聊到了车模，又从车模开始，聊到了汽车。

我说："李总，好像您的车开了很久了。"

李总说："是呀，从我开始创业就开始跟着我了。不过我最近准备换车了。"

我说："既然您决定要换车了，肯定是有目标了。"

李总说："我要么换宝马，要么换奔驰。"

我说:"哎,李总,您为什么想换宝马、奔驰呢?"

李总说:"开宝马,坐奔驰,有面子,这是身份和财富的象征呀。"

我说:"真不错,一般人都是这么想的。李总,这些年您创业成功感受颇深吧。"

李总说:"哎呀,一路走来历经艰难险阻,不过今天终于阶段性实现了当初做个有钱人的目标了。"

我说:"李总,这么多年您历经艰辛最后创业成功,您觉得您和那一般人有什么区别吗?"

李总说:"当然有区别了,像咱们这些人都不是一般人,一般人都达不到我们这样的成就。"

我说:"真不错,咱们真是英雄所见略同呀。一个人之所以不一般,一定是思维不一般、观念不一般、选择不一般,从而造就了他的不一般。所以我觉得李总,其实,您换车我有一个小小的建议。"

李总说:"您有什么建议呀?"

我说:"李总,您换车想换奔驰、宝马,您觉得它们是身份和财富的象征,其实在我看来不是宝马、奔驰可以给您面子,其实是您给它们面子。"

李总很高兴地说:"那当然了,我要是买宝马、奔驰,那是看得起它们。"

我说:"李总,您现在财富有了,身份有了,地位有了,所有的东西都有了,您已经没有必要去炫耀了。没有才要炫耀呢,像您现在的身价,其实我觉得最重要的是安全。"

听了我的话,李总一愣。

于是,我接着说:"您知道××吗?他英年早逝。太可惜了,三十多岁正是风华正茂的时候,三十多岁就抛下妻儿离开了。李总,其实像咱们这样的人,如果真出了什么事情,那是很可怕的。"

李总说:"你别说了,我都不敢想了。现在我还真觉得自己挺重要的。"

我说:"李总,您觉得在那么多车的品牌中,哪一种车最安全。"

第十七章 · 智慧销售七式：解异议
有理有利，求同存异

李总说："沃尔沃？"

我说："的确，它的安全性能很高，其实还有一个品牌供您选择。"

李总说："什么呀？"

我说："李总，您肯定知道路虎吧。您觉得这车怎么样？"

李总说："不错，还是挺有感觉的。"

我说："李总，您想象一下，一辆沃尔沃跟一辆路虎相撞，您觉得那一辆车更容易出问题。"

李总说："应该是沃尔沃吧。"

我笑着说："所以，我强烈建议您选择路虎。"

朋友接着说："哎，李总。巧呀，我们家就有路虎。"

李总说："哎呀，怎么这么巧呀。"

当时我想不能再纠缠巧不巧了，否则就出问题了，于是我赶紧说："李总要买路虎，你一定要给李总最低价。"

朋友说："行，李总。只要您买路虎，一定给您最低价，您什么时候有空，我派司机开路虎去接您来我家4s店。"

李总说："我想想呀，我后天下午有时间。"

朋友说："那这样，我后天下午派我们的工作人员去您的公司。"

之后的一天，我正在讲课，手机震动了一下，我看了一眼，我的朋友给我发了一条短信："老胡，路虎开走了。"

转变李总决定的关键是将对方买车要讲面子的观点转移到买车要讲安全这一核心上，然后围绕这个核心不断强化，最终转化对方的异议点。

综上所述，转化异议可分三步走：

首先，找出对方原有的价值观。

其次，给对方"种"下一个更合理的新的价值观。

最后，努力地证明我们的品牌、产品、文化、服务等代表着新的价值观。

实战基本功——如何用价值观来引导销售

人的基本行为模式是从知觉到行为,从行为到结果。它告诉我们,想要改变事情的结果,必须先改变人的行为,而行为的改变必须先从知觉(即意识)的改变开始。而一个人如何看待周围的世界和事物,持有什么样的标准,将直接影响个人最后的行为。

什么叫价值观

价值观简而言之就是一个人对周围人、事、物总的看法、总的评价,以及对周围人、事、物所持有的总的态度。一个人的价值观直接影响甚至决定着一个人的行为。改变或影响顾客的价值观,将对销售成交有巨大的帮助。

○ 案例

一位老人有两个女儿,大女儿嫁给了卖伞的,小女儿嫁给了卖鞋的。每当艳阳高照,老太太就为大女儿的生意发愁,怕伞没人买;而当阴雨连绵时,她又担心小女儿家的生意,怕鞋子没人买。因此,老人整天愁眉苦脸的。

老人向一位智者请教:"我怎么做才会开心呢?"

智者说:"我有办法能让你天天开心。很简单,只要调整一下你关注的焦点就行了。你应该这样想:每当艳阳高照,你的小女儿就会卖出很多鞋子,你应该高兴才对呀!每当阴雨连绵,你的大女儿就会卖出很多伞,你也应当高兴才对呀!"

老人恍然大悟,心悦诚服地接受了智者的建议,从此他每天都过得开开心心的。

换一种心态,就是换一种对事物的认识,从不同的角度去看同一个事物,得出的结论就完全不同。价值观的转变是转变态度、转变行为的关键。这个小故事充分显示了转变价值观的重要性。

顾客价值观分类与应对策略

销售沟通过程中,我们要不断去判断顾客购物时所持有的价值观。如果我们的品牌、产品、服务等理念刚好与顾客所持有的相同,此时一定要记住,相同的要去强化;如果不同,就要去转化顾客现有的价值观。一定要先强化后转化,如果无法强化,就要尝试去转化。如表17-7所示为顾客价值观分类与应对策略。

表17-7 顾客价值观分类与应对策略

价值观分类	特点	应对策略
居家型	家庭第一,不喜改变,重视安全感、安心、持久和验证	沟通感觉上多做到:真诚、目光柔和、低调、朴实、动作幅度小 沟通内容上多提到:家庭和睦、幸福时光、良好的氛围、简单而充实、爱、忠诚可靠等
模仿型	自信、取得异性的认同、明星、大人物	沟通感觉上多做到:激情、自信、积极向上、活力 沟通内容上多提到:快乐、好的状态、有成就、令人羡慕、明星代言、身份认同等
成熟型	与众不同,最好的	沟通感觉上多做到:专业、成熟、自信、诚恳 沟通内容上多提到:品质与品位、成就感、独特、不简单、内涵丰富等
社会认同型	智慧、帮助社会、国家贡献	沟通感觉上多做到:谦虚、诚恳、真实、善良、爱心 沟通内容上多提到:成长与进步、修行与进步、成功与价值、社会大众、慈善与布施等
生存型	便宜、省钱	沟通感觉上多做到:朴实、平等、真诚、接地气 沟通内容上多提到:质量好、价格公道、不虚夸、过踏实日子、老百姓等

第十八章 智慧销售八式：必成交
成交策略分析

参考销售场景

　　顾客来了很多次，就是不提成交的事情。

场景分析：看准时机提成交

　　门店经理和销售员站在一起，两个顾客在另一端。

　　销售员："店长，我啃不了那块'骨头'了，老将出马吧！"

　　经理："哎，你啊，都要独闯江湖了，遇到问题就求救。他们是不是来了好几次了？"

　　销售员："嗯，来了三次了，对那件产品肯定非常想买，可就是不松口。您说，是不是他们还是嫌价格贵呢？"

　　经理："价格贵？你看见没，他们可有钱着呢。"

　　销售员："你怎么看出来的？"

　　经理："脑袋大，脖子粗，不是大款就是伙夫。你看着，我去和他们过过招。"

　　经理："您好，二位，我是这个店的经理，怎么样，看了这么久，也来了好几趟了，应该对我们家的产品各方面都满意吧？"

　　女顾客："嗯，还行啊。"

　　经理："您是觉得价格还有点高？"

　　女顾客正要说什么，没等顾客开口，经理抢先说了。

　　经理："其实我们的产品正是为满足少数高端人群而精心打造的，

价格不是他们考虑的因素，只有品质和艺术才是他们考虑的，我相信您和先生就是这样的人。"

顾客笑了笑。

接着经理又问："是不是有好几件喜欢的产品，不知道选哪件好？"

女顾客正要说什么，又一次被经理抢先说了话。

经理："其实这个世界没有最好的产品，只有最合适的产品，而能在这么多产品中挑中一款也是需要缘分的。缘分抓住了就是幸福，放手了就是遗憾。"

听经理这么说，女顾客和男顾客相视而笑。

经理："其实我们小李给二位的价格，我听了都有点无奈啦，价格击穿底线了，这款灯迄今为止还没有卖过这么低的折扣，小李是我们的新员工，我决定了，就当作是给她一个鼓励吧，您二位意下如何啊。"

女顾客："你说呢？"女顾客看着旁边的男士，两人都下不了决心。

经理："××灯饰是生活品位的象征，像这款吊灯挂在您家里，亲戚朋友来你们家，显得多时尚、多浪漫、多气派啊，而且我们的灯，品质好，用起来放心。我相信，我们家的产品也只有像您二位这样追求生活品位的人才懂得欣赏，这款灯真的是物有所值，先生，您说呢？"

两人互相看了看，男顾客对女顾客说："要不就这款？"

经理看了看两位，又继续说："我们这款产品这次是最后一批了，以后可就没货了，都可以称为限量版了，过错是暂时的遗憾，而错过则是永远的遗憾啊！所以别犹豫了，我给二位开单吧？现金还是刷卡？"

男顾客："刷卡吧。"

结论

成交缔结阶段，拼的是销售员的勇气与信心，考验的是对顾客成交意愿的把握。看准时机，勇于提出成交要求，把成交的压力给顾客，通过压力的转移试探火候与时机，再次增加顾客的信心与对产品的感觉度就能顺势成交。

攻心战之顾客心理分析——恐惧

为了更好地完成销售工作中挑战最大的环节——成交，销售员必须不断地了解与总结顾客的成交障碍，掌握顾客的成交心理。

胆小型——害怕主动提出成交被拒绝

总有一些人，对自己不太有信心，不敢做交易，其根本原因在于不愿承担风险。这类顾客需要销售员给予保障和承诺，甚至落实到合同保证。

犹豫型——担心被销售员误导

目前，由于诚信体系的问题，很多顾客在最后成交时都会很犹豫。针对这类顾客，在销售成交阶段继续进行价值渲染，继续保证与承诺，继续给定心丸，帮助顾客做决策。

乞讨型——主动成交时，有乞讨的感觉，过不了心理关

有些顾客的心理非常敏感，喜欢高高在上，不愿放低身段主动提要求。面对这种顾客，销售员放低姿态，给足面子，就能消除其心理障碍，加快成交。

困惑型——面对多种产品，不知如何抉择

顾客看过多套产品，不知如何抉择。面对这样的顾客，销售员应帮助顾客再次梳理购物需求，尽可能引导顾客思考对我们有利的内容，形成对我们有利的观点，使顾客明确其需求的方向，从而加快顾客做出与我们成交的决定。

实战策略——成交推演

成交时机

店面销售员要善于发现成交信号，抓住成交时机。如表18-1所示为成交信号。

表18-1 成交信号

成交信号	具体表现
表情信号	顾客开始注意或感兴趣时 顾客点头、微笑时 顾客眼神发亮时 顾客兴高采烈、情绪兴奋时
语言信号	谈论价格时 谈到有人买过此产品时 抱怨其他品牌时 仔细地阅读商品介绍小册子，关切地提问 询问有关售后服务的情况，询问商品的销售情况，向销售员表示好意 一边赏识，一边沉思
动作信号	与同伴商量 一度离开商店，又再返回店里看同一商品

成交方法

1. 利益汇总成交法

利益汇总成交法是指销售员先向顾客介绍目标产品的各种利益，并在获得顾客认同的利益中，总结出顾客最认可的关键点，然后再加重顾客的利益感受，同时，顺势进一步要求缔结。做完产品介绍后，销售员可以运用这种方法，向关键人提出订单要求。

总结顾客最关心的利益，把顾客关心的事项排序，然后将产品的特点与顾客的关心点密切结合，如此，便能轻松成交。

2. 合同成交法

合同成交法是指销售员直接向顾客提出成交合同保证，使顾客立即决定成交的一种方法。所谓合同保证，是指销售员对顾客所允诺的担负交易后合同条款的落实。例如，"您放心，您的售后服务完全由我负责，我在公司销售手机已经很多年了。很多顾客都是接受我的服务，我可以将相关条款写到合同里。"

使用合同成交法，时机很重要。当顾客对一种产品并不是十分了解，对其特性、质量也没有把握，从而产生心理障碍，导致成交犹豫不决时，销售员可使用合同成交法，向顾客提出保证，以增强其信心。

合同成交法可以消除顾客成交的心理障碍，增强成交信心，同时可以增强说服力以及感染力，有利于销售员妥善处理有关的成交异议。

3. 假设成交法

假设成交法也可以称为假定成交法，是指销售员在假定顾客已经接受销售建议，同意购买的基础上，通过提出一些具体的成交问题，直接要求顾客购买产品的一种方法。例如，"大姐，您看，您选的这款产品既漂亮又实惠，不是很好吗？"这就是把好像拥有以后那种视觉现象描述出来。

假定成交法的主要优点在于可以节省时间，提高销售效率，适当地减轻顾客的成交压力。

4. 从众成交法

从众成交法也称为排队成交法，是一种简单有效的成交方法。该方法利用顾客的从众心理——大家都买了，我也买。从众成交法可以减少顾客的担心，增加顾客的信心，尤其对于新顾客而言，大家都买了，我也可以放心地买。但是，从众成交法也可能引起顾客的反从众心理——别人是别人，别人要买，与我无关。

5. 选择成交法

选择成交法，就是直接向顾客提出若干种购买方案，并要求顾客选择其中一种购买方案。例如，"您是加两个蛋呢，还是加一个蛋？""您喜欢红色还是白色？"这些都是选择成交法的应用。

销售员在销售过程中应该看准顾客的购买信号，先假定成交，后选择成交，并把选择的范围局限在成交的范围。选择成交法的关键在于使顾客回避要还是不要的问题。

实战基本功——留下顾客的资料

以家居建材业为例，在其终端销售中，留下潜在顾客的联系方式是销售员必做的工作。每天都会有很多潜在顾客来到店面，但由于家居建材类产品属于大宗耐用消费品，顾客对这类产品了解甚少，需要了解更多的品牌和产品才能从中选出最适合自己的产品，因此顾客一次进店就下订单的可能性不大。

但是，顾客只要从你的门店出去了，就可能不再踏入你的门店，因为有着更多的品牌和销售员在实施终端拦截，你极有可能永远失去这个顾客。对于销售员来说，每一个进店的顾客都意味着"机不可失，失不再来"，所以如何实施终端拦截，如何让出了门的顾客再次返回就成了终端销售员需要潜心修炼的功夫。

留住顾客的方法有很多，在此重点探讨如何留下顾客资料。

销售员常用的留下顾客资料的方法

通过市场走访我发现，顾客第一次来到卖场，在将要离开的情况下，导购员主动争取再次和顾客联系的方式主要有以下两种：

1．将封面订有自己名片的产品画册送给顾客

销售员通常是在顾客将要离开的时候把封面订有自己名片的产品画册送给顾客："这是我们的画册，您可以回去先了解一下，如果有需要您可以打我的电话。"可事实证明，能够主动打我们电话的顾客少之又少。原因在于：其一，不仅你给了顾客产品画册，几乎每个品牌的销售员都会给顾客产品画册，而且说法也都一样，顾客回家一比较都差不多，资料上的产品都很漂亮，既然没有特别好的可以选择，就没有必要联系；其二，人都有惰性，顾客最相信自己在商场亲眼看见的、亲耳听见的，他们不愿意主动和销售员联系，除非你能主动联系他们；其三，顾客回到家，有可能根本就不看你给的画册。所以，给顾客无差别的宣传画册并不是最好的方法。

2．以优惠活动通知为由直接请求顾客留下联系方式

在顾客将要离开的时候，很多销售员会主动对顾客说："把您的联系方式

留下吧，如果我们有什么优惠活动我会提前通知您。"在这种情况下，有些顾客会顺其自然地留下自己的联系方式，但更多的顾客还是不愿意留下自己的联系方式。仔细分析一下，这种留顾客资料的方式存在一定的弊端，即在没有优惠活动的情况下如何有更好的理由主动与顾客联系。

顾客为什么不愿意留下自己的联系方式

顾客不愿意留下自己的联系方式，主要原因在于：

1.戒备心理

人们在与陌生人交往时，都会存在戒备心理，害怕上当受骗。由于销售员在和顾客的简短沟通中，没有获得顾客的信任，顾客害怕被骗，所以不愿意留下自己的联系方式。

2.害怕被干扰

顾客害怕销售员天天给他打电话推销，干扰其正常生活。现代社会，电话推销无处不在，尤其是顾客在装修过程中，很多橱柜、地板、卫浴、油漆、装潢公司的业务人员天天给顾客打电话推销，对顾客的正常生活造成干扰，让顾客很反感。

3.决定选择别的产品

顾客没有喜欢上你所售的产品，想去选择别的产品。销售员没有抓住顾客的需求点，没有让顾客真正了解你所售的产品，顾客在几个品牌中已经做出了决定。

4.没有给顾客留下联系方式的正当理由

顾客是否愿意留下自己的联系方式是需要一定理由的，顾客不想平白无故地留下自己的资料，除非有能够吸引或说服他的地方。

留下顾客资料的有效方法

结合以上四种原因，我认为最有效的留下顾客资料的方法应该从"给顾客正当理由"的角度去思考，并总结了以下几种方法供大家探讨：

1.留资料，抽大奖

以抽奖为理由，让顾客自己积极主动地留下自己的联系方式，因为这时顾客考虑更多的是抽中奖品的问题，从而避开了对销售员打电话回访的猜想，因此顾客更愿意留下资料。当然，这一理由需要门店配合，定期举行抽奖，并主要从有意向的潜在顾客中抽取获奖者。可以多设置一些幸运奖，这样就有更好的理由与顾客联系。要知道顾客在中奖的喜悦氛围中是最容易被说服的。

2．调查问卷法

可以在接待台上放些调查问卷，在顾客即将离开时请求顾客填写一份问卷，问卷内容主要以顾客选择产品所关注的内容和自身的信息为主。一方面获得这些资料便于销售员增加对顾客的了解，有利于后续跟单，还可以分析顾客类型，掌握更多的信息；另一方面可以悄无声息地获得顾客的联系方式。要注意的是，问卷的内容一定要简略，以选择题为主。因为这样不会耽误顾客太多的时间，顾客也愿意认真填写，我们得到的资料也才会更加真实可靠。当然这种方式如果与第一种方式相结合效果会更好。

3．留下悬念法

记得在某个市场做培训的时候，一个小区拓展业务员问了我这样一个问题：在扫楼中刚和潜在顾客聊了五分钟他就要离开，这时如何用最好的方法留下顾客的联系方式？想一想也真的是为难他了，五分钟的时间的确太短了，但顾客不给他更多的时间，在这种情况下，最有效的方式就是留下悬念！顾客刚买房后最关注和操心的问题是什么？当然是装修问题。我给他的建议如下：告诉顾客我们现在正在做一个公益性活动，免费送给顾客一套独有的装修资料（当然要提前准备好资料），买不买我们的产品都没有关系，我们可以直接给顾客送过去，顾客也可以自己来取。这样留顾客资料远比直接向顾客索取容易得多。

在终端销售中更多的是靠"智"而不是靠"勇"。有不怕挫折的精神固然重要，但把所有问题的解决都归纳为顾客拒绝了就再继续，是不可取的。顾客不愿意留下资料，我们要考虑他们为什么不愿意留，从而采取更加有效的措施。